男孩的正面管教

董桂华　牟忠锋 ◎ 著

天津出版传媒集团

天津人民出版社

图书在版编目（CIP）数据

男孩的正面管教 / 董桂华，牟忠锋著 . -- 天津：
天津人民出版社 , 2024. 12. -- ISBN 978-7-201-20843
-5

Ⅰ . G78

中国国家版本馆 CIP 数据核字第 2024SU8572 号

男孩的正面管教
NAHAI DE ZHENGMIAN GUANJIAO

出　　版	天津人民出版社
出 版 人	刘锦泉
地　　址	天津市和平区西康路 35 号康岳大厦
邮政编码	300051
邮购电话	（022）23332469
电子信箱	reader@tjrmcbs.com
责任编辑	郭晓雪
特约编辑	石胜利
封面设计	chee出壳设计
制版印刷	三河市航远印刷有限公司
经　　销	新华书店
开　　本	710 毫米 ×1000 毫米　1/16
印　　张	14
字　　数	192 千字
版次印次	2025 年 1 月第 1 版　2025 年 1 月第 1 次印刷
定　　价	55.00 元

前 言

　　每位家长都有望子成龙的心理，希望自己家的孩子将来能成就一番功勋伟业。因此，家长从小对男孩子的教育往往会呈现出两个极端。

　　向左走，把孩子捧在手心里，作为家里的独苗，有的家长还有重男轻女的老思想，更是容不得孩子受一点委屈，每天精心呵护。任何能够对孩子造成"伤害"的，家长或者爷爷奶奶都帮助清理干净。但这样的结果，就是培养出了一个受不了任何挫折、听不进去一句逆耳的话、容不得别人说半个"不"字的小霸王。这样的孩子，将来进入社会，将会被社会狠狠地教训。

　　向右走，有的家长觉得男孩子就应该从小吃苦，进行挫折教育。但很多家长过于偏激，从来不给孩子奖励或赞许，每天就是打骂，批评孩子哪里做得不对。他们认为"棍棒底下出孝子""穷养儿、富养女"，男孩子就应该打骂，才能调教出优秀的孩子。殊不知，这样偏激严厉的打骂，会彻底让孩子对家长产生恐惧和疏远，更会给孩子的内心造成巨大的创伤，让孩子自尊心受挫，逐渐变得不自信，做事唯唯诺诺。这样教育的结果，不仅不会让孩子在挫折中茁壮成长，更会起到"辣手摧花"的反效果。

　　对于男孩子的教育，既不能太向左，也不能太向右。对男孩子的正面管教最重要的其实是沟通。每个男孩子都有极强的自尊心，更希望家长不把他们当孩子，而是顶天立地的男子汉。因此，教育男孩子，适当的挫折、适当的鼓励、适当的自由，这些是基础，更为关键的是要学会和他们平等的沟通。家长若是能和孩子以朋友的方式平等沟通，遇到事情能站在相同的高度探讨，孩子就会觉得自己是这个家庭中很重要的一员，觉得家里除了爸爸外，自己就是第二顶梁柱，保护妈妈是理所应当的事。在这样的思想教育下，男孩子通常会更有担当和责任心，做事情也会多替别人考虑。在这样的环境中成长，男孩子会逐渐成为男子汉。无论在学校，还是将来走到社会上，都会是闪耀的一颗星。

本书将从九个方面，为各位家长从各个角度详细剖析如何对男孩子进行正面管教。本书通过理论加案例的方式，深入浅出地告诉家长不同的情况下应该如何管教孩子。相信家长们在看完本书后，对于管教男孩子会有更加深刻的理解，在教育自己家的"小小男子汉"时，也能越来越得心应手。而家里的这位"小小男子汉"在家长们正确的教育之下，一定会茁壮成长，最终成为社会上独当一面的人才。

目 录

第九章　品德优先，做人的道理一定要从娃娃抓起

第一章

男孩爱面子，沟通时要像对待朋友一样

尊重孩子，成为他的朋友

    每一位家长都经历从小孩一直到现在慢慢长大的过程，对小时候被"教训"肯定深有体会。那时，相信每一位还是孩子的家长也肯定感到迷茫、对大人感到气愤，不解他们为何不理解自己。但现在成为孩子的家长，却以大人的角度去看待孩子，丝毫不顾及孩子的感受。

    孩子都有自己的想法，尤其是男孩子，想法多、好面子，他们希望得到家长的理解和尊重。但很多家长对待孩子就好像上级对待下级一样，不但不认同孩子的想法和行为方式，还强加干涉。这样一来，家长不但从心底觉得孩子难以管教，同时也会摧毁他们自己在孩子心中的良好形象。

    其实，很多教育孩子的问题都不难解决，只要当家长的懂得蹲下来，以孩子的角度去看待问题，和孩子一起讨论问题，就能够赢得孩子的心、敞开孩子的心灵。

    球球是个很顽皮的男孩子，经常搞乱惹妈妈生气。他的妈妈对他也没有耐心，每次生气时都会拉过来就打，因此母子关系很紧张。一次，球球妈妈咨询了做亲子教育的朋友，朋友告诉他：你换位思考一下，当你还是孩子的时候是什么样的呢？你希望当时的父母如何对待你呢？我们需要学会改变想法，学会蹲下来和孩子平等的沟通、交流，这样亲子关系就会得到很好的缓和。球球妈妈听了深以为然。

有一天，球球的妈妈刚买完菜回到家，一进门的瞬间她就震惊了。她发现球球的身上和衣服上沾满了水彩的涂料，成了个大花猫。而辛辛苦苦收拾干净的家，现在也是凌乱不堪，茶几上的桌布也已经被涂料染上了各种斑点。妈妈看到这里，气不打一处来，走上前就准备"教训"球球。可当她走到球球身边时，想起了朋友告诉她的建议，她立刻深呼吸，缓和了自己的情绪，她认真地看了球球用水彩涂料画的那幅作品。她发现，虽然是一幅很幼稚的画，但上面有太阳、草原、房子，还有看起来像小朋友的几个人一起玩耍。球球妈妈忽然想到了自己小的时候，也总是喜欢这样画画。于是，妈妈蹲了下来，和球球说："我们一起画好不好？"球球高兴地拍手答应了。就这样，母子俩人一起又在房子旁边画上了秋千，房子的前面画了一条小河……时间过得很快，转眼到了晚上，当球球的父亲回到家时，母子俩都没有发现，不亦乐乎地继续画着这美好的一天。

妈妈与球球能够这样愉快地度过一天，最主要的原因是妈妈听从了朋友的建议，没有因为球球把家弄乱而教训他，而是懂得蹲下来，回归到自己孩童时的心态，与球球一起完成他美好的一天。可以想象，如果妈妈一进门就因为家里凌乱而打骂了球球，不只母子俩一天的好心情都会受到影响，更会影响两人之间的感情和亲密度。

学会蹲下来，站在孩子的角度看待问题，这样不仅会对孩子的想法和做法能够理解，也会对孩子有更多的包容和肯定。当孩子感受到了家长的认可后，他的内心会感到愉快、得到满足，这会让孩子的成长更加健康。

特特放学回家后，向妈妈抱怨道："今天老师当着全班同学的面批评我，弄得我下不来台。"妈妈立即质问道："你做了什么错事惹老师生气了？"特特说:"我什么都没干,老师借题发挥。"妈妈用不信任的口气说:"你就会找借口。"特特不开心地瞪了妈妈一眼。妈妈继续追问:"那你是怎么想的,又打算做些什么呢?"特特噘着嘴提高音量说了句:"什么也不想,什么也不做。"

妈妈意识到两人这样针锋相对地交谈下去,解决不了问题,还会引发矛盾,于是决定放下家长的架子,以同学或是朋友的身份与特特交谈。她用温和而友好的语气说:"老师当着全班同学的面批评你,我想你当时一定感到很委屈又很没面子,是吧?"特特的态度发生了转变,他抬头看了妈妈一眼,眼中的怒气已经平息了不少。接着妈妈又说道:"其实,妈妈小时候也遭遇过类似的事情。记得上小学四年级的时候,我参加期末考试,进了考场,发现自己忘记带铅笔了。我很害怕,赶快起身向旁边的同学借,谁知老师以为我要作弊,当场就对我进行了批评教育。当时,考场上那么多同学都看着我,或许也认为我是个作弊的坏孩子,弄得我既尴尬又气愤,一点都没有心情答题了。"

特特听得津津有味,好像都忘记了自己的不快,他对妈妈说道:"其实我也是想跟同学借块橡皮用,总不能在本上乱涂乱改啊,可是老师偏偏认为我是错的,还批评我,真是不公平。"妈妈附和道:"这确实不公平,那么为了避免再次被老师误解,我们是不是应该想想别的办法?"特特和妈妈交谈得很愉快,心情大好,他开心地说:"很简单啊,那我多准备一块橡皮不就好了?"妈妈点点特特的额头,笑着说道:"你真是个小机灵鬼。"

每一个孩子都有一个自己的世界,每一个孩子都是一个独立的天才,家长不能小觑了这些孩子。所以家长应该常抱着敬畏的心情与孩子们交流沟通和体验生活。无论是作为家长还是老师,都不得不承认孩子在一天天慢慢长大,思想在一天天复杂。孩子自有孩子自己的世界和想法,也许在家长的眼里他们总是孩子,但家长如果有足够的细心和观察力,肯定就会发现,孩子在不知不觉中思考着许多家长认为他们还不能够理解的事情。

当然,因为年龄和人生阅历的关系,孩子所感受到的也许只是一些表面的、肤浅的事情，但是孩子开始独立学习、细心思考，不管思考的结果如何，孩子毕竟是动脑子想了，得肯定孩子知道思考了这一点。如果家长能够走进孩子的心灵世界，明白孩子的所思所想，便可以适时地加以正确疏导，引导他们少走弯路。在孩子增长文化知识的同时，帮助他们学会做人做事，渐渐变得成熟起来。

走进孩子的心灵世界不是想象得那么简单，孩子会在家里的白墙上随意涂鸦，画出自己认为最有创意的图案，孩子会因为玩水弄得浑身湿透，满地是水——尽管在家长眼里是搞破坏！家长要想成为孩子的知心朋友，不能以家长的身份去压制孩子，要让孩子在一个相对平等、宽松的环境中健康成长！孩子的心是最纯净的，也是最宝贵的，家长能做的应该是去理解和融入它！

在家长的眼里孩子是一本厚厚的书，从童年到少年，从少年到青年，家长都在慢慢地一页页往后翻，但要真正读懂孩子却并不容易。父母们如此总结：随着时间的推移，孩子年龄的增长，我们越来越不了解自己的孩子了。年幼时小孩的言行总是被家长指挥着，所以孩子真正的内心感受家长们又如何能懂呢？随着孩子年龄的增长，家长和孩子的距离也渐行渐远，代沟也越拉越大，进而导致孩子接受不到正确的思想和经验，这样的家庭教育是失败的。但家长要是从起初就能陪伴孩子一起成长，站在孩子的立场上想问题，和孩子在一起的时候就保持一颗童心，那么随着时间的推移，家长就会真正走进孩子的内心世界。成功的家庭教育也就不会与你失之交臂了。

孩子就是人性最本真的代言人，能够准确理解和把握人性的家长，往往拥有正确的家庭教育观。然而家长们常常以为人成熟而自居，看待孩子时总是用成人的眼光，他们认为孩子的行为简直是幼稚至极。殊不知，对待孩子报以这样的眼光，只会让自己和孩子渐行渐远——满脑子都是孩子的缺点，何谈真正走进孩子的内心世界？

对待孩子，家长一定要保持一颗童心，这也是和孩子沟通的重要前提。在现实生活中，家长一定要多给孩子一分理解和宽容，学会站在孩子的角度去思考问题，减少对孩子的严厉苛责，这样才有助于搭建亲子桥梁，为孩子营造一个良好的成长氛围。当家长们到达这种境界时，孩子内心世界的大门才会真正为你敞开，孩子才会真正认可你这位心灵导师，这样你才能帮助孩子健康快乐地成长。

蹲下来，这一步非常关键，因为不管孩子的想法有无道理，只有从生理上和心理上都能"蹲"下来和孩子说话，进入孩子的世界去感受孩子，家长和孩子之间才能更好地沟通，才可能有的放矢地教育孩子。

寻找共同语言，倾诉不能靠强迫

"知心姐姐"卢勤在某年 10 月 25 日的倾听日中曾就孩子是否愿意和父母倾诉心事这个话题向两万多名中小学生展开调查，结果显示，小学生首选父母为倾诉对象的比例为 34%，中学生的比例为 17%。也就是说，随着年龄的增长，愿意向父母倾诉心事的孩子的比例下降，而且，在参与调查的中小学生中，70% 以上的孩子有了心事不愿向父母倾诉。

当然，孩子不愿将自己的心事告诉父母是有原因的，这些原因不外乎和父母谈不来，没有共同语言。尤其是男孩子，随着年龄的增大，想法会增多，而且觉得自己是大人了，更加不愿意接受父母的唠叨。父母也总是把一件小事无限放大，让他们焦虑不已，或是父母不能理解孩子的想法。于是孩子倾向于自己的心事自己消化。

但是也有一些男孩子愿意将自己的心事与父母分享，那是因为他们感觉父母是他们的良师益友，能理解他们的想法，并能提出中肯的意见，给予他们真心的引导。不过这种能和孩子相处得好并有共同语言的家长是很少的。

即便如此，很多父母仍然意识不到自己在亲子关系中面临的问题，他们发现孩子有心事但不愿与他们倾诉时，就着急地追问。没想到越是督促孩子，孩子的逆反心理就越强，越不愿诉说。长此以往，孩子不但不愿和父母交流，亲子关系也渐渐恶化。

涛涛从小在奶奶家长大，奶奶对涛涛非常关心，每天他一回家就对他嘘寒问暖，一会儿问："涛涛今天中午在学校吃饱了没有？"一会儿问："今天中午吃的什么呀，好吃不好吃？"再过一会儿又问："今天老师有没有表扬你啊？老师让背的课文你都记住了没有啊？你跟同学相处得好不好啊？"开始的时候，涛涛还耐心地回答奶奶的每一个问题，但是过了一段时间后他就开始敷衍奶奶。每当奶奶问他学校的事情时，他就回答"还好吧，也还可以"之类的话。

一个周末，妈妈按惯例来接涛涛回家，她发现涛涛越来越不喜欢和奶奶说话，就把涛涛带到他最喜欢的麦当劳，给他点了一份汉堡套餐。涛涛很高兴，一边吃一边问道："妈妈为什么带我来这里呢？"妈妈说："涛涛每天放学回家都先写作业，然后复习功课，很听奶奶的话，所以妈妈要奖励涛涛。"接着涛涛对妈妈诉说起对奶奶的不满："奶奶看我就像看犯人一样，每天回家都问我在学校吃得好不好，玩得好不好，和老师同学相处得好不好，然后我就要一一回答。如果我什么都说好，奶奶就很高兴，如果我说了学校有什么不好，奶奶就觉得我做了错事，然后就不停地唠叨。"妈妈对涛涛说："妈妈是你的好朋友，奶奶也希望成为你的好朋友，以后妈妈和奶奶都不会强迫你，等你想跟我们说什么的时候再说好不好？"涛涛听了妈妈的话心情放松了不少，开始大口吃起汉堡。

孩子愿意和父母说心里话是因为他们相信父母能为他们排解烦忧，但有的时候孩子说了半天，家长总是用大人的眼光看待问题，绕来绕去把所有事情都引到学习上，告诫孩子只有学习好才是硬道理。父母以为自己苦口婆心一番，应该换来孩子的热情回报，结果事情却向着相反的方向发展，导致孩子愈发不愿和父母说话。

当孩子有心事的时候，父母没必要步步紧追，想去弄清楚事情的原委。

有时候给予孩子独立思考的空间，在旁边默默陪伴孩子、关心孩子就够了，这样做不仅是给孩子机会，同时也是给自己机会。如同将一把沙子握在手中，越是使劲紧握，沙子流失得越快；如果手掌保持轻松的姿势，沙子还能保留得多一些。因此，一个开明的父母不会逼迫自己的孩子说出心里的秘密，而是轻松看待一切，孩子往往会主动倾诉。

明明这一阵子好像不大开心，每天放学一回到家不看电视也和爸爸妈妈交流，直接躲进自己的小屋，好长时间不出来。妈妈看他有些反常，但是没有去打扰他。到晚饭时间，妈妈来到他的房间，先敲门，然后轻声问道："明明这几天是不是作业很多，怎么一回家就躲进房间不出来呢？"明明应声道："是，最近作业很多。"话语中带有不耐烦的语气。等吃完晚饭，明明又回自己房间去了。

接下来的几天，明明仍然喜欢独处，除了吃饭时间，妈妈基本看不到他。妈妈感觉明明一定遇到了什么不愉快的事情，他不愿意告诉父母，又无法自我排解。妈妈深知，孩子也会有自己的心事，他之所以不愿意向你倾诉，是因为他还没有找到安全感，这时父母一定不能强求，要慢慢引导。后来妈妈来到明明房间，问他学习累不累，需不需要陪他坐一会儿。明明答应了妈妈的要求。接着，妈妈对明明说："尽管作业很多，但也要注意身体，一定要早点睡觉，把饭吃好。"此后，妈妈经常做一些明明最喜欢吃的东西给他送进房间。明明感受到妈妈对自己的关心和爱护，主动邀请她到房间坐。

妈妈坐到明明身边，明明欲言又止的样子更让妈妈确定孩子一定有什么心事。当然妈妈并不急着追问，而是给他更多的时间选择要讲出来还是埋在心里。最后明明告诉妈妈，最近他一个最要好的同学要转到其他学校上学，以后他俩就不能在一起玩了，因此明明很不开心。妈妈也为明明失去一个好朋友感到难过，但她还是给予明明最真心的安慰和鼓励，帮助明明走出了阴霾，此后，明明又变得像以前一样无忧无虑了。

在生活中，有很多父母想与孩子成为无话不谈的好朋友，却总是找不对方式。一个开明的父母在生活中不会专制，而是让孩子尽情地去思考自己的问题，并在身边默默支持、默默陪伴。父母不要急着逼迫孩子说出心里话，但要有意识地给他们创造诉说的环境，当孩子从中找到安慰与激励，自然会倾诉自己的心事。

注意语气，有些话可以商量着来

　　语言是人与人之间沟通的重要桥梁，与其说语言的内容决定了沟通的成效，不如说语气的应用影响了内容的发挥。家长和孩子之间的沟通也逃不过语言的媒介，是不是因为是母子关系，就不需要注重语气的问题了呢？当然不是。每个孩子都是有自尊心的，而且男孩子的自尊心尤其重，他们希望获得他人的尊重，在听到妈妈指责、训斥、命令的言语和语气时，都会感到难受和不安，内心也会有一定的逆反情绪。比如，妈妈想要孩子把地上乱丢的玩具收拾整理一下，是说："飞飞，你怎么回事，把地上弄这么乱？赶快！收拾干净！"还是说："飞飞，你的玩具在到处流浪啊，你可不可以把它们送回家呢？"妈妈的目的都是希望孩子把玩具收拾好，但是前者是命令、指责的语气，后者是商量、温和的语气，相信任何一个孩子都更愿意接受妈妈的第二种语言方式。

　　如果家长要的只是孩子行动的结果，那么用商量的口气对孩子说话更容易让孩子行动起来，而且孩子也不会对家长心存埋怨。如果家长认定自己的孩子是"吃软不吃硬"的人，不妨试试用软一点儿的方式，也许结果会出乎意料。

　　所以，当急于有话对孩子说的时候，不妨先等一两秒钟，深吸一口气，再慢慢地呼出来。这个过程是让家长做好用商量的语气说话的准备。

一般聪明的家长在与孩子沟通时，都会用商量的语气。一个人的说话语气是长久以来养成的习惯，面对越亲密的人，越是随便。很少有哪个妈妈对自己的父母、丈夫、朋友都用商量的口气说话，却唯独对孩子用命令的语气说话。因为一个人用什么样的语气一般是不需要思考的，是自然而然的流露。

因此，要想学着用商量的语气对孩子讲话，那就要在对所有人说话的时候注意语气，如果这种习惯不改变，只想对孩子说商量的话，是很难做到的。

通常，在与孩子用商量的语气说话时，最好多用"可以吗""怎么样"这样的词语。当养成这样的习惯后，与孩子聊天就会自然而然地做到万事商量着来。

洗完澡的杨洋忘记把脏衣服放到洗衣机里，妈妈发现后，就喊他过来："杨洋，请你过来下。"杨洋边往卫生间走边说："我肯定又犯什么错了。"

妈妈说："是犯了小错，你下次洗完澡，记得把脏衣服放进洗衣机里，怎么样？"

"可以！"杨洋恳切地回答了。

第二天，同样的场景又发生了，妈妈再次喊："杨洋，请你过来一下！"这次，杨洋赶忙跑进卫生间说："妈妈，对不起啊，我又忘记了，明天一定不犯了！"

杨洋的妈妈不但用了"怎么样"，还用了"请"，这样温和而礼貌的词汇是很难遭到孩子的拒绝的，孩子只能乖乖听话。

所以，当准备说一句命令式的陈述句时，完全可以换成疑问句，句子中加上"能不能""可不可以""好不好"等语言，孩子基本上只能回答"好的"了。

在与孩子商量时，家长除了多用商量的词语外，还需要注意说话的语气与语调。商量的语气往往是柔和的，而不是强硬的。如果家长不知道怎么说才算得上柔和，那就把语速放慢，声音放低，效果肯定会大有不同。同样一句话，比如"你可不可以把手洗干净？"如果家长的语速很快，声音很大，那是在命令孩子，如果语速慢下来，语调柔和下来，就属于商量的口气了。

有的家长可能会说：我这人天生心直口快，温柔的话说不来。那就只能先让心柔软下来，语言才能跟着柔软。

与孩子商量时，有一个最重要的关键，是要允许孩子有其他的意见。如果商量只是为了得到孩子的认同，孩子一有反对意见，就立刻被你驳回，那就称不上是什么商量了。

每个周六，妈妈都会带儿子去附近的公园走走，但是这周六妈妈要加班，决定把儿子放到奶奶家。当妈妈去跟儿子商量的时候，儿子表示可以自己在家玩，妈妈不同意，但是儿子仍表示不想去奶奶家。

最后，妈妈干脆说："没你选择的余地，明天必须去奶奶家。"儿子噘着小嘴走开了。

妈妈用商量的语气和孩子谈事情，就要做好孩子有另外打算的准备。既然是商量就有成功有失败，不能抱着成功的希望去了，当孩子没有和妈妈达成一致时，妈妈又生气了，又会用命令的语言要求孩子。

所以，如果家长没打算接受孩子的其他意见，就不要用商量的口气，用温和的语言把你的计划告诉他就可以了，免得两个人像拔河一样拔来拔去，最后大家都不愉快。

不做强势家长，给予他更多的信任

　　身为家长的你是否曾经思考过：当孩子的行动被你的行动替代时，这是否是一种心理上的帮助，久而久之孩子或许会从心理上形成一种依赖感。家长没有给予孩子一些自己做选择的权利，无形中阻碍了孩子的成长。

　　当今社会大多数家庭都是独生子女家庭，家庭教育问题也变得尤为严峻，据调查显示：现如今，家长对孩子越来越严厉，对孩子的要求也越来越多，给孩子造成了难以想象的压力，这种负担是孩子承受不起的。

　　因此，在对待教育孩子的问题上，家长一定要深思熟虑，必须用最为科学有效的方法对孩子进行教育。越是在强势家长塑造的家庭环境下成长起来的孩子越是懦弱，这一现象在名人孩子身上尤为突显。遗传因素虽然是一方面原因，但还有一点需要大家注意，那就是孩子受到家长过于严苛的教育，无法获得足够的信任和自由成长的空间，最后导致了孩子对家长身心的双重依赖，久而久之孩子也就越来越胆小，遇事首先想到寻求家长的帮助，责任意识根本不存在于他们的脑海。

　　家庭教育看似简单，但要想把家庭教育做好，却是一门很深的学问。家长应该明确自己的教育观，自己的主要任务是给孩子提供学习条件，在一些事情上可以给孩子们参考性的建议，多多理解和信任孩子，但最终的选择权应该还给孩子。家长应当引导孩子树立正确的学习观，养成良好的学习习惯。对孩子不要给予太多的束缚和压力，可适度给予孩子一些压力，小的压力可以转换成动力，但家长往往是望子成才心切，给孩子造成了很大的压力，孩子不堪重负，不仅适得其反，甚至造成了很多孩子厌学、逃学。家长常常将责任归咎于孩子，如果认真想一想，这样的结果可能是家长们一手造成的！

社会竞争的确日益激烈，但家长不能以此这为借口压迫孩子，毕竟，孩子幼小的心灵是承担不起那么多重负的！成长中的孩子最需要的是信任，但现实中很少有家长能够做到给予孩子足够的信任。大多数人常常不信任自己的孩子，他们往往表现出口头相信，但内心却总把孩子往不好的地方想，从而造成了越是担心什么就越发生什么的悲剧。如果任由自己的大脑去想那么多不好的事情，家长自己也会感到身心俱疲。然而，去思考一些积极的东西需要付出很多的努力，这样的努力也能帮助孩子自律，所以，一定要给予孩子信任。这就好比手中的沙子，越是想握紧，沙子从指缝流失的速度越快，各位家长请不要将孩子抓得那么牢。

成年人和青少年的思维怎么会一样呢？遇到同样的事情，往往因为各自思维的角度不同而引发很多矛盾。大多数家长总是喜欢用自己的思维方法给孩子下结论，他们不会站在孩子的角度思考问题，常常对自己的孩子进行呵斥，正是因为他们没有意识到未成年人和成年人思维上的区别所导致的结果。

一般情况下，如果孩子敢向家长表达自己的想法，这说明亲子关系是开放的，这样的关系可以让彼此敞开心扉自由交谈。如果家长的出发点总是为了维护自己的权威，对孩子没有一丝笑容，强迫孩子按照自己的意愿行事，这样做不仅伤害到了孩子的自尊心，造成亲子关系疏远，更会让孩子不愿意和家长交流，隐藏自己的想法。

总之，如果孩子能够从家长那里得到足够的信任和支持，一旦孩子产生什么想法，他们会及时汇报沟通。在这样环境下成长起来的孩子也必定是一个乐观自信的人。面对孩子的成长，家长应当放开手脚让孩子去做他们认为能做的事情，孩子经过实践的检验才会得到成长和进步，经历的挑战越多，孩子才能越有勇气去面对社会上更加错综复杂的挑战。

此外，孩子的独立意识一定要特意培养，独立的孩子才能成功走向社会，与此同时也要注意培养孩子的责任心，没有责任心的孩子是长不大的。孩子脱离依赖父母的过程，也正是强大自己的过程。孩子的依赖感越小，责任心也就越重；责任心越重的孩子能更快地独立。妈妈培养孩子独立上学的习惯，能让孩子接触到外界更多的人和事，慢慢地他们也就学会了独自面对风险和挫折。不要把孩子当成一个花瓶去对待，凡事都替孩子去做，到最后真把孩子养成了一个一碰就碎的"花瓶"。不管孩子身在何处，家长都应该给孩子一些选择权，让他们选择自己想做的事情。例如，和周围的人发生争执时怎么处理，遇到其他问题自己应该怎样做决策，从小就培养孩子独立思考和解决问题的能力，这样更有利于孩子将来的发展。

果果是一个衣来伸手、饭来张口的孩子，他吃饭的前提是妈妈亲自把饭端到他面前才肯吃。一天，妈妈因为中午有事需要外出，所以提前把午饭做好，在饭菜上面盖了一个碗，妈妈觉得果果可能看到盖饭菜的碗就知道了。可是妈妈在下午回来的时候，发现饭菜纹丝未动，还和走之前一样放在那里。不一会儿，放学回家的果果一进门就哇哇大哭，抱怨妈妈不给自己做中午饭，弄得妈妈当时手足无措。这就是父母凡事都包办替代的孩子，这样的孩子离开父母就什么也做不成。

现如今的家长对待孩子，不仅仅是在学习上给他们施加压力，甚至连生活习惯上也要符合自己的要求。举例来说，要求孩子遵守作息时间，保持室内的整洁，这些要求本来无可厚非，但是因为父母过于严苛，孩子往往被压得喘不过来气。

不论是谁都需要一个自由的空间，孩子也不例外。人类最原始的渴望就是向往自由，请还孩子一片自由的空间！如果家长既希望孩子保持积极、健康的心态，又要剥夺他们在生活中自己做主、做事的权利，那么何谈让孩子健康成长呢？造成日后孩子的懒惰和依赖，你又有什么理由去指责他呢，想想这是谁一手造成的？

尊重别人，别人才会尊重你，家长尊重孩子，等于无形中教会了孩子尊重父母，当孩子的自尊需求得到满足后，不用多说，孩子也会尽一切努力去做好事情，所以，家长大可不必在孩子身上花太多的精力和心思，信任孩子就是关爱孩子的最好途径。

孩子的兴趣，交还给孩子自己来选择

在教育孩子的问题上，很多家长都喜欢将自己的意愿强加给孩子，用所谓成熟的思想干涉孩子的选择，对孩子的兴趣爱好视若无睹，这样的做法对孩子的心理打击是非常大的。而真正聪明的家长从来不会把自己的意愿强加在孩子身上，去干涉或扼杀他们的兴趣。

乐乐因为喜欢唱歌，并且具备一定的音乐天赋，被老师选进了校合唱团。但乐乐的妈妈却希望乐乐学美术，因此给他报了美术班。但乐乐没有理会这些，他总是利用课余时间练习唱歌，看的电视节目也常常以那些歌舞类晚会为主。

一天，正在练习唱歌的乐乐被妈妈大声呵斥道："烦死了，唱得这么难听还唱，还不赶紧画画去！"

乐乐顿觉心寒，这无疑打击到了他的自尊心。于是他无可奈何地拿起了画笔，顿时感到手臂重如千斤，此时此刻他觉得画画对他来说就是一种惩罚。妈妈的举动让乐乐甚为不解，他不清楚妈妈为什么总是强迫他做不喜欢的事情。慢慢地，乐乐被这种消极的情绪影响着，学习成绩越来越糟。

很多父母总是将自己的喜好强加给孩子，举例来说，孩子的兴趣对他们来说根本不重要，他们不管孩子愿意不愿意，一厢情愿地替孩子选择特长班，而且不允许孩子拒绝，否则就对孩子非打即骂。失去自由和选择权利的孩子怎么可能有快乐的心态呢？

如果家长忽视孩子的兴趣爱好，将自己的意愿强加给孩子，那么孩子的天赋就会无从发挥，结果适得其反，弄得亲子关系日渐疏远。"强扭的瓜不甜"，强迫孩子放弃自己的兴趣爱好，这个道理也同样适用。

抛开遗传因素不说，兴趣因素对孩子能否有所成就有着重要的影响。说得具体一些就是，兴趣是最好的老师，孩子会因为自己的兴趣爱好积极投入到这件事情中，因为兴趣带有主观倾向，主观倾向更能激发一个人的好学精神，从而促使人愿意花更多的时间和精力做这件事，达到满足自己好奇心的目的。

举例来说，如果孩子爱好下棋，无论学习时间多么紧凑，他们还是会挤出一些时间与人博弈一番；喜欢球类运动的孩子总是会找时间去"摸摸球"。切莫忽视这些挤出来的时间，经过日积月累后，它们所爆发出来的能量是惊人的。

小时候的姚明就酷爱打篮球。姚明的父母鼓励他做自己喜欢的事情，但没有刻意说教他把篮球当成自己的终身事业。姚明父母最初的心愿还是希望姚明像普通人一样，按部就班地读书、考大学、找工作。可姚明最终还是选择了篮球作为自己的职业，长大后的姚明发现自己愈发离不开篮球，篮球已经成为自己生命当中不可或缺的一部分，并以球技俱佳的球员为榜样来奋斗。因此，姚明的打球方式总是和他崇拜的那些偶像十分相似。后来，迷上了火箭队的姚明打球动力更足了，最终，他成了一名职业球员。

通过姚明的案例我们不难发现，兴趣对一个人的成长有着多么重要的影响。这个时代是一个崇尚个性的时代，某一领域的专业人才会受到大家更多的关注与青睐，培养孩子最好的方法就是将孩子的兴趣爱好最大化。孩子的特殊能力往往是因为自己的兴趣爱好而被激发的，如果能正确引导孩子的兴趣爱好，孩子会在快乐的氛围中学习，把潜力发挥到最大化，将来才可能在该领域有一番作为。

父母对孩子倾注了自己全部的心血，凡事都为孩子着相，殊不知，太多的爱对孩子来说有时就是一种无形的负担，不堪重负的孩子会因此步履蹒跚。如果父母的爱不能被孩子理解，他们就会刻意躲避父母，甚至向父母发脾气。其实这种爱无形中成为孩子成长的阻碍，这种爱在不知不觉中将孩子的个性扼杀。

因此，父母要讲究"爱"的方法。关爱不是无节制的，对孩子来说最重要的是得到父母的尊重和理解，放开手脚多给孩子一些独立自主的空间，用正确的关爱来引导孩子吧。

著名小品表演艺术家潘长江的家庭氛围就十分民主、和谐。

潘长江的女儿名叫潘阳。潘阳说："父母不会因为自己年纪小就不听自己的意见。凡是关于我的事情，他们都会事先听听我的想法，哪怕我的想法是多么的幼稚或不成熟。"

从小就身为学校艺术委员的潘阳，常常听到周围的亲戚朋友对自己的父亲这样说："老潘你应该带带潘阳，靠你的知名度，将来孩子一定能火。"潘长江曾经有一段时间也产生过这样的念头。

有一天，潘长江认为帮助潘阳的时机到了，刚刚回到家中的他立刻对潘阳说："姑娘，向你报告一个好事！央视晚会请咱爷俩去唱歌，你看行不行？"

潘阳思考了一会儿，回答说："爸爸，我还是不去了吧。"

潘长江随即问道："唱歌不是你的爱好吗？能告诉老爹不去的原因吗？"

"虽然唱歌是我的兴趣，但以我现在的唱歌水平是不足以支撑我上晚会的，并且我其他的一些综合素质也达不到上晚会的标准。现在时机还不是很成熟，况且我不想戴上一顶'潘长江女儿不会唱歌'的帽子。"

潘长江为女儿的这番言论感到吃惊，也为女儿能有这番主见而倍感欣慰。

于是潘长江尊重了女儿的决定，将这次演出的机会谢绝了。

后来，众好友都力劝潘长江："潘阳这么好的条件，你不带带真可惜了。你还得给她思想上做做工作，拿出老爸的权威来！"

潘长江笑着对好朋友们说："孩子有自己的想法，我们应该尊重，而不是横加干预。这就像修剪出来的花草虽然好看，但毫无生气可言。只有还给他们成长的自由，孩子才会长成参天大树！"

生活中，父母可以借和孩子聊天的机会，给予他们耐心地倾听和多一分的理解，多听听他们自己的意见，这样孩子才会把心灵之门向你敞开，对你诉说自己的内心世界。

其次，不要将自己的决定强加给孩子，让孩子自己做决定。父母可以利用自己的经验引导孩子，孩子在具备选择能力时，就要让他们自己做出选择。父母要尽可能创造条件和机会给孩子，让孩子在自己的兴趣中成长，让孩子自己的兴趣爱好成就自己的未来。要知道，往往是兴趣爱好将孩子的潜能开发到最大，最终让孩子在该领域有一番作为。

佳佳颇具数学天赋，高考后被北京大学录取。但被北大录取前，他有一段鲜为人知的经历。

因为优异的数学成绩，佳佳很小的时候就被奥林匹克学校录取了。进入学校后，由于贪玩和看武侠小说的缘故，老师常常批评佳佳。因为学习环境过于压抑，佳佳便萌生了转学的念头。

毫无疑问，转学对这个年龄段的孩子来说可是一件大事，但是妈妈并没有因此干涉儿子的决定，尽管奥林匹克学校是一所人尽皆知的好学校，妈妈还是将选择权交给了佳佳，并对佳佳说："既然你已经做了决定，就要为你的决定负责到底，你想好了就行。"

转学后的佳佳更加痴迷于武侠小说，学习成绩一再退步。妈妈便找佳佳谈心，想问问佳佳对将来的规划。

佳佳坚定地对妈妈说："北大附中是我将来的目标。"

妈妈说："嗯，这是一个不错的志向，但是想要完成你的目标，数学成绩是很重要的，以你现在的数学成绩，呃，你只有重返奥林匹克学校才有可能完成你的目标。"

佳佳想了想说："好吧，那我再考奥林匹克学校！"

经过努力佳佳又考进了奥林匹克学校，后来又顺利被北大附中录取。妈妈在佳佳做选择的过程中没有干涉过他，只是引导佳佳对自己做了一个正确的评估，从而使佳佳做出了自己的选择。

孩子在步入社会之前必须具有独立自主的能力，各位家长一定要从孩子小的时候就注意培养孩子独立自主的精神，将一些事情的决定权还给孩子，让孩子心甘情愿地为自己的选择而去努力。除上述之外，尤为关键的一点就是对于孩子不感兴趣的事情，家长们千万不要强迫他们去做。

古希腊哲学家苏格拉底有句名言："认识你自己！"父母是孩子的第一任"老师"，家长有责任帮助孩子认识他自己，让孩子清楚自己的喜恶所在，而不是一味强迫孩子顺从自己的意愿。

聪明的家长，懂得让孩子去做自己感兴趣的事情，引导孩子正确认识自己的兴趣爱好，并帮助孩子提高自己的兴趣水平。父母强迫孩子做不喜欢的事的后果，只能让孩子对你倍加反感，变得越来越不听话。

家长也会犯错，有错误要勇于向孩子道歉

很多家长认为向孩子道歉是一件没有面子的事情。其实这种观念是错误的，家长和孩子道歉，有助于教育子女。

从不和孩子坦诚自己缺点和过失的家长会给孩子造成这种印象：爸妈总是出错，但他们总是认为自己是对的。长此以往，孩子就不会听从家长的教诲了。如果家长对孩子犯了错，却能及时认真地向孩子道歉，无形中教会了孩子承认错误是负责任的一部分，它并不可耻，进而教会了孩子正确的是非观。

一些孩子在"犯错"后，家长们由于难以克制感情上的冲动，对孩子进行了较为严厉的惩罚，事后这些家长搞清楚了原来错不在孩子那里，只是因为自己没弄明白就给孩子下了结论。如果能在这时向孩子承认自己的错误，并进行认真的道歉，就能用自身行动引导孩子走向正确的道路。

飞飞妈妈回忆起一件事情时苦恼地说道："有一天下班回家后我发现我们家的鱼缸烂了。因为儿子淘气的缘故，我断定鱼缸的损坏肯定和他有关，于是我狠狠地批评了他。但儿子没有承认是自己所为，他反倒觉得委屈。我顺手就打了儿子，我认为这是他在狡辩。晚上，孩子他爸回来后才说是他不小心把鱼缸打坏的，我这才意识到错怪孩子了。但因为我的虚荣心，并没有向

儿子道歉："虽然这次的幕后元凶不是你，但你平时淘气，你以后不能淘气了。"

没想到此后很长的一段时间内儿子都没有和我说话。我这才意识到是因为我没和他道歉而伤害了他的自尊心，但是我放不下作为妈妈的面子，我真不知道该怎么处理这件事情。

其实，在生活中这样的例子很多，妈妈错怪孩子，或者做错事情是非常正常的，即使名人也不例外。

有一次，正处于心烦状态下的闻一多动手打了还不懂事的小女儿，这一幕正好被儿子撞见了，他严肃地批评闻一多说："你打人不对，你天天宣扬民主精神，竟然在家里犯这样的错误！"闻一多听完之后还有点火气，但是冷静了一下之后，十分认真地对儿子说："我向你们道歉，我不该动手打你小妹，我小时候，你们的爷爷奶奶就是用这样的教育方法对我的，现在又换成了我，我错了。所以，请你们引以为戒，等你们有孩子的时候，千万不要用这样的方式教育你们的子女。"

闻一多这样的道歉，无疑重塑了在孩子们心中高大的父亲形象。每个人都有做错事的时候，关键在于如何面对自己的错误。如果只是因为"面子"心理在作祟，让孩子蒙受不白之冤的话，不仅会伤害孩子的自尊心，也会颠倒孩子的是非观，这对孩子的身心成长是极为不利的。

所以，请诸位家长再也不要如此这般。做错事情的时候，认真地向孩子道歉并不是什么没有面子的事情。家长并不一定永远正确，应该实事求是。对孩子坦承自己的过失，无形中起到了尊重孩子和教育孩子做人的作用，而且在孩子心中的形象更加高大了，彼此之间的感情更加融洽了，也给孩子树立了正确的是非观。

给孩子道歉，要讲究技巧。

第一，态度诚恳，否则让孩子觉得你没有诚意。

现实生活中有很多家长确实扮演着"统治者"的角色。错怪孩子了，不但没有向孩子致歉，反倒是借题发挥，从孩子身上找原因，这样的教育方式总是徒劳无功的。这样会让孩子觉得家长没有诚意道歉，而是变相批评自己。真正的道歉是能触碰到孩子心中被赏识和尊重的神经的。家长尤其要注意对孩子道歉时的态度，千万不要边发脾气边道歉。家长们若是能做到这样，孩子才能接受你的道歉。

第二，不要乱道歉。

比如，向孩子道歉的原因竟然是因为孩子自身情绪的波动。家长们不要因为要让孩子高兴就否定了自己的原则，否则家长在孩子心中是没有分量的，孩子就会认为你是个"软柿子"。所以，道歉一定要有针对性，如果真是家长错了，那么就诚恳地向孩子道歉，让孩子感受到你对他的尊重，教会他做人的道理，而不是为了讨好孩子才进行道歉。

当你对孩子的言行举止出现不当时，你应该对孩子说："孩子，是我不对，我们一起努力改正错误好吗？"一定要让孩子感受到你的诚恳。你可以说："是妈妈错怪了你，妈妈向你道歉。"

希望每个家长都可以试着改变对孩子的态度，做个会道歉的家长。

第二章

男孩自尊心强，批评时注意语气和方式

斥责孩子时，绝不可当着外人的面

男孩子多动的性格让他们经常会犯错，有些妈妈觉得男孩子不打不成器，总是不顾时间、地点就对孩子大声斥责，更有甚者还动手打孩子。殊不知，这样的教育并没有什么效果，反而会引起孩子的心理逆反，激起孩子的对立情绪，即使孩子认识到了自己的错误，他也会宁折不弯，甚至强词夺理。

是人就会有自尊心，孩子也不例外，家长们千万不要忽略这一点。尤其在有外人在时，孩子的自尊心会更加强烈。家长们如果总是对别人讲自己孩子的缺点或是在别人面前呵斥孩子，孩子的自尊心会大大受到伤害。有时候，孩子的自尊心比成年人要强得多，会因为自尊心受伤遭遇更多的打击。因此，当着别人的面对孩子进行批评的做法是不当的，非但起不到教育的效果，还会给孩子心理上造成致命的打击。

相反，聪明的家长会懂得尊重孩子，在他人面前赞美孩子，和孩子单独在一起的时候再批评孩子，孩子则很容易接受批评。

周末，王阿姨来阳阳家做客，送给阳阳一个包装精美的儿童大礼包。阳阳妈妈悄声交代阳阳，等王阿姨走了才能打开礼包品尝。但一转眼，阳阳已经把礼包打开了，他抓起一个果冻就吃了起来。

阳阳妈妈有些生气，当着王阿姨的面大声说："你这孩子怎么这么嘴馋，真没礼貌！好像八辈子没吃过东西一样……"一语未了，阳阳嘟着嘴不高兴了，他生气地把礼包投掷到了妈妈身上。

为了解围，王阿姨急忙说："没事没事，小孩子嘛。"接着，又微笑着对阳阳说："阳阳，你今年上小学一年级了，告诉阿姨你都会干什么呀？"

阳阳挺了挺胸膛，自信地说："我是一个男子汉，会干许多事情呢！我会洗自己的衣服，会帮妈妈洗碗，替爸爸浇花……"

谁知，阳阳妈妈打断了阳阳的话，"你还好意思说呢，你洗衣服把衣服戳了一个洞，洗碗摔碎了一只碗，浇花时差一点就把花从花盆里浇走了。"阳阳的小脸涨得通红，他双手攥拳，气鼓鼓地跑回了自己的房间。

后来，阳阳待在自己的小房间里半天不出来，任凭妈妈怎么敲门都不理不睬。妈妈心里很郁闷，"我不就是说了几句嘛，阳阳为何这样气急败坏、耿耿于怀？"

妈妈在批评孩子时，要避免使孩子在他人面前感到难堪。叫孩子到没人的地方是最好的方式，这样做不仅保护了孩子的自尊心，也容易让孩子接受自己的教育。相反，如果总是当着别人的面批评孩子，立刻就让孩子没了面子，就算他有承认错误的心，但因为自己"下不来台"，索性就和家长对抗到底了。

中国人最讲究"当面教子、背后训夫"。这是一个典型的误区，所谓"当面教子"，即家长喜欢当着其他人或众人的面，指出孩子曾犯或者在犯的错误，并对孩子进行"现场教育"。大多数妈妈有这样一种心态：让外人看到自己批评孩子，证明孩子有教养、有家教。但是，很多时候"当面教子"不但起不到教育的效果，还会使教育走向反面。

有的家长总是喜欢用大吵大闹的方式批评孩子，这样一来，四周邻居没有一个不知道的，孩子的自尊心无形中就受到了伤害，放学回来遇到邻居也不好意思打招呼，只能脸红着跑过去。还有的家长喜欢在家里来客人的时候批评孩子，念叨孩子的缺点，在这种情况下，孩子的自尊心也会受到伤害，这样非但没有达到教育的效果，反而促使孩子产生对家长的逆反心理。

某周日下午，同学们应邀来到彤彤家聚会。正当他们玩得尽兴的时候，彤彤的家长回来了，一看到家里乱七八糟的场景，就当着大伙的面把自己的孩子臭骂了一顿。彤彤因此感觉特别没有面子，非常尴尬。彤彤什么也不顾，立刻跑到姥姥家去住了，每天上学、放学都回姥姥家。这样的僵局维持了两周左右，最后还是以家长主动道歉彤彤才回家的结局告终。

家长们在别人面前批评孩子，孩子会觉得特别没有面子，甚至会觉得是在被羞辱，其结果是把为什么挨训早就忘到脑后，只留下对父母的强烈反感。孩子甚至会怨恨父母，造成亲子关系紧张。曾经就有一个孩子对他的同学说："我恨死我妈了，家里一来客人就批评我，越批评我，我越不服，越是要和她对着来。"有些孩子虽然表面没有很大的反应，但是问题并没有解决，有的甚至会把错事从表面转到背后，那就更危险了。

俗话说：人要脸，树要皮。孩子只是年龄小，但也是一个有自尊心的个体，经常在别人面前批评孩子，会严重挫伤孩子的自尊心。在没人的时候悄悄批评孩子，孩子才不会感到反感，孩子还会因为家长的"给面子"而倍感愧疚，这样做更有利于纠正孩子的错误。家长要让孩子认识到，犯错的是孩子自己，改错的也是孩子自己。

家长们千万不要忽略孩子的自尊心，发现孩子有不良行为时，不要用恶劣的态度批评孩子，可用皱一下眉、传递个眼神、不说话等温和的方法来表达父母的不高兴。也可以在安静的场合和孩子谈谈，引导孩子鼓起勇气正视自己的错误和不足，这样才能帮助孩子形成正确的是非观，还能保护孩子的自尊心。

恐吓式批评，只会带来更加恐惧的心理

有些妈妈常常喜欢用恐吓的方式来教育孩子。比如说，"妈妈不要你了""不要乱跑，外面有坏人拐卖小孩""别哭，老虎来了"，或者干脆讲一些妖魔鬼怪的故事，使孩子害怕，好听妈妈的话。还有的妈妈直接就扮成了"鬼怪"来吓唬孩子，希望借此达到教育孩子的目的。孩子幼小的心灵接受不了强烈的恐怖刺激，这种"恐吓"式教育会在孩子心理留下阴影，使孩子失去安全感，久而久之会使孩子产生一种恐惧心理，影响孩子身心的健康发展。

孩子胆小怕事的性格就是由这种紧张状态所致。孩子在行为上表现得更加退缩、逃避，从而影响孩子的探索精神、独立性和社会行为的发展，也影响孩子的认知发展。长此以往，孩子的恐惧感被放大，这样严重影响了孩子的心理健康，甚至对外在的、无危险的物体或环境产生极端、持久适应不良的恐惧，逐渐发展为恐惧症。

刘女士的儿子建建今年5岁，是个活泼好动的孩子，而刘女士却是个喜欢安静的人。

周六，刘女士带建建去公园玩了一天，很累，于是想带孩子回家。可建建没玩够，说什么都不想走。刘女士一气之下抱起建建就走，也不管怀里挣扎的儿子。正巧街边上有一个脏兮兮的乞丐在墙角睡觉，刘女士就对建建说："你看到那个乞丐没有？你要是还这么不听话，我就不要你了，把你送给那个乞丐，让你也变这么脏，每天去乞讨。"正挣扎生气的建建抬头一看那个乞丐，吓得"哇"的一声就哭了出来。

晚上，刘女士坐在客厅的沙发上看书，在卧室里睡觉的建建醒了，他抱着一个玩具跑了出来，对妈妈说："妈妈，你陪我玩'过家家'好吗？"刘女士不耐烦地说："你自己玩吧，妈妈正在看书。"建建跑到一边，对玩具说："妈妈不陪我们玩，那我们跳舞好不好？"于是，建建蹦蹦跳跳地跳起舞来，一个人有说有笑玩得不亦乐乎。

刘女士觉得儿子太吵，就回到自己卧室里继续看书。可不一会儿，客厅的音响里就传出了儿童舞蹈的伴奏音乐。刘女士快步地走进客厅，说："建建，你再这么吵我就去小区门口把那个警察找来抓你了！"

建建马上就安静下来了。其实刘女士所谓的"警察"就是她所住的小区站岗的保安，他的脸上有一道很长的刀疤，建建看见过他并且很害怕。刘女士觉得这个办法好用，就经常在建建不听话的时候吓唬他。

接下来，一连几天建建都特别安静，话也不多，还特别听妈妈的话。直到有一天建建的姥姥从乡下来了。姥姥刚一进屋，建建就大哭着跑进了姥姥的怀里，说："姥姥你带我走吧，妈妈要让那个吓人的警察抓我……"

刘女士这时候才意识到自己犯了多大的一个错误。

这是多么令人心疼的场景啊。刘女士想管教孩子的出发点我们可以理解，但非要出此下策吗？孩子毕竟没有成人那么成熟的心智，他们并不明白家长"恐吓"自己是为了教育自己。身为家长至少要明白一点，用"恐吓"的方式来教育孩子是愚蠢的行为，这样做非但起不到教育的作用，还会让孩子幼小的心灵受到伤害。

从孩子出生那天起，家长就是孩子最为依赖的人，所以，他们从小就有离开家长就生存不下去的心态。不管孩子懂事与否，发生类似刘女士这样的事情，孩子们心里常常会有这样的疑问"妈妈真的不要我了吗？"。在这种心理背景下，孩子的潜在不安会加剧，久而久之就会形成胆小、怯懦、不自信甚至自卑的情绪。

孩子自信心的建立需要一种安全的环境，这包括生活环境和心理环境。妈妈的恐吓会成为孩子心里不安的土壤，重则会将孩子心里的很多恐惧感释放出来，并可能最终演绎为心理障碍；轻则没有办法集中精力学习，精神分散。而这当然是任何一个妈妈都不愿看到的。

每个人都会有恐惧心理。恐惧有两种，一种是本能，就是对危险的害怕。神经性恐惧是第二种，就是在没有遇到任何危险的情况下都会感到害怕。比如害怕一个人待着，害怕某种颜色，或害怕某种职业的人，等等。神经性恐惧的患者往往是那些小孩子。而且这种恐惧一旦在幼时形成，就很难得到治愈。

佳佳总喜欢跑出去玩，这让爸爸妈妈担心。为了让佳佳不要自己乱跑，妈妈就给他讲了个恶鬼的故事，告诉孩子恶鬼最喜欢抓那些自己乱跑的孩子。从此，佳佳再也不敢乱跑了，出门总要拉着一个人。长大后，佳佳知道了妈妈不过是吓唬自己的，世界上根本没有鬼。可是，当他独自一个人走在路上的时候，总觉得有种莫名的恐惧感，甚至工作后，还不敢独自出差。

所以，妈妈们不要随便用孩子害怕的东西来威胁孩子，以免加深孩子的恐惧。如果在孩子不听话时这样说："你再不听话，就会有妖怪来抓你！"看起来会起到立竿见影的效果，可是这对孩子心理产生的负面影响是可怕的。怕医生的孩子，就算是生病了他也不会去找医生；怕警察的孩子，就算是找不到家的方向了，他也不会去问警察；怕老师的孩子，又怎么可能安心听老师讲课，更不要说让他主动向老师请教了。

当小孩子害怕什么东西的时候，妈妈们应该帮助孩子消除这种恐惧的心理，而不是利用、加重这种恐惧心理。孩子会因为经常被恐吓而变得敏感，情绪上的波动是非常大的。久而久之，妈妈再说出那些恐吓的话，他们也会明白家长是在说假话，因此不再对家长信任，也不再害怕家长，反而变本加厉地淘气、顽皮。如果过度恐吓本就没有安全感的孩子，孩子会因此变得更加自卑，性格上也趋于恐慌化发展。这样的方法看似让孩子听话了，可是孩子的判断能力也因此受到了影响，长大后极度缺乏自信。

面对孩子不知道的错误，批评要有度

一些家长总是看着孩子的缺点，抱怨孩子的不足，比如孩子的学习观不对、时间观不对和注意力分散等问题，家长们没有认真思考过症结是出在哪里，只会一味抱怨孩子不给自己争气。其实，如果你能站在孩子的角度想一想，你会发现在孩子们身上出现的问题或者说他们所犯下的一些"错误"基本上都是来源于他们的"不知道"。

例如，因为他们不明白自己早点做完功课就能得到充足的休息时间，所以他们做功课的时候总是磨磨蹭蹭；因为他们不明白合作与爱的道理，所以他们不知道怎样表达自己的爱，怎样去和别人合作；因为他们不知道自己究竟有多大的能力，所以他们总是对自己没信心，对什么事情都是抱着害怕的态度；因为他们不明白孤独的害处，所以总是不和别人接触，让自己慢慢变成一个孤独的人；因为他们不知道努力学习是为了什么，升学是为了什么，所以他们埋怨自己的父母逼着自己读书；因为他们不知道世界很大，所以他们也不知道其实自己的选择有很多……

这些"不知道"把孩子局限了起来，孩子知道的往往是书本上那些死板的知识，要知道书本以外的世界更精彩。作为父母，除了书本的知识，你还应该让你的孩子知道真实的社会，知道外面的世界，知道公民应有的权利和应尽的义务，帮助孩子打开视野要在他们接受能力最好的时候进行，因为未来是由眼界所决定的。

　　翰远的妈妈在教育翰远时，往往会出现这种状况：每天妈妈需要说无数遍，翰远才会磨蹭着起床。妈妈不厌其烦地唠叨着："还不起床，你看看几点了，马上迟到了啊。我可不管你啊，看你迟到怎么和老师说。"妈妈的警告从未起到过作用，因为她想让孩子迟到受罚的愿望从来没实现过。翰远会悄悄地躲在被窝里想："反正有妈妈叫我。"所以赖床的习惯迟迟得不到改正。

　　到了晚上妈妈就又唠叨："你做功课的时候能不能认真点儿？我都帮你检查出这么多错的地方，你自己就不懂得仔细检查一下？"翰远偷偷笑了："管他呢，反正有我妈呢！"

　　翰远对于考试也并不是很认真，于是妈妈又表现出比孩子更在意考试成绩的态度，进而成了妈妈帮助孩子学习，以及替孩子着急学习。因为有人督促学习了，翰远的成绩一般不会很差，当然翰远也不会想到学习不好带来的后果。没有体会就不会知道哪些地方需要改进。

　　我们看到，父母的这种行为，把原本孩子自己该做的事情给做了，把他们自己该承担的责任给承担了，这显然是不对的。父母有时候有必要给孩子制造一点挫败感，因为要让孩子明白需要为自己的行为负责。孩子理解上的偏差就是因为做家长的比孩子本身更在意而形成的。只有让孩子经历了，他们才会有所认识。

　　在孩子成长的过程中失败不应该是被完全避免的。从现在看，孩子经历失败是一件糟糕的事情；但从未来看，经历失败有助于他们的成长。所以父母要允许孩子失败，不要因外界的影响和攀比心理的干扰而否定你的孩子，你要给孩子成长的机会。

有时候让孩子学会对自己的决定负责，要比教他怎样做事重要得多。

明明的爸爸妈妈都是体育教练，在明明 6 岁以前，妈妈让他学了足球、唱歌、画画；6 岁的时候，明明的父母让他开始学习乒乓球、钢琴；在他 10 岁的时候，他就通过搭乘各种交通工具游览了 30 多个城市；12 岁以前，他亲自到现场看了国家级的田径比赛和足球比赛，见证了运动员哥哥姐姐们的开心和悲伤的瞬间。

明明的爸爸妈妈和其他的家长一样，希望尽可能满足孩子的需要。6 岁的时候，明明突然喜欢上了钢琴，在那个年代钢琴可是奢侈品，买一台钢琴大概需要 5000 块，而且不是光有钱就能买到，还要凭票才行。家里人想尽了办法都没能弄到一张钢琴券，于是明明的妈妈就给钢琴厂的厂长写了一封信。

第二年，明明终于拥有了自己的钢琴。可还没学一年，和很多小朋友一样，明明对钢琴的新鲜劲儿就过去了。按理说，学钢琴是明明提出来的，但妈妈对明明弹钢琴没有任何水平的要求。因为练琴占去了明明玩耍的时间，所以他不想再练钢琴了。他耍赖、生气、闹脾气，想尽办法希望妈妈能够和其他家长一样对他嚷，那么他就可以理直气壮地反驳说"我要做我自己"，不要成为满足他们虚荣心的工具。

然而，妈妈从未对明明说过"家长为你付出多少"这类的话，她只是对明明说："明明，以后的路还要靠你自己走，我们能做的只是给你创造机会，你必须为你自己的行为负责。"因为妈妈一直都没有被激怒，明明也就因为从小坚持练习钢琴而理解了什么是选择和责任。

现在很多父母为了孩子没有珍惜身边的机会而万分着急，她们甚至采取很多过激的行为，但我们不得不佩服明明的父母，在辛苦地为孩子提供了各种机会后还能冷静的面对孩子的选择，这其实是很不容易做到的，正是这种不容易让她教会了孩子什么是选择和责任。

作为父母，要帮助孩子去了解一个人应有的权利和应尽的义务，一个人应该做些什么，不应该做些什么。只有了解了这些，才能知道什么是自己的目标，才能激发出对目标追求的动力。

与其批评，不如多给些建议

尽管孩子在成长的过程中不可避免地会被批评，但如果批评得不正确或是不合时宜，很容易将孩子推向反抗和叛逆的一面。有时候放弃批评，用给予建议来代替，很可能起到意想不到的教育效果。

批评在词典中的解释是指出对方的缺点，或是对对方的缺点和错误提出意见，例如批评对方的蛮不讲理、不讲卫生，但不等同指责、抱怨。可是，在现实生活中，很多父母误解了批评的含义，认为既然要批评孩子，就要直指他们的痛处，让他们深刻铭记并改正错误。这样做也许会帮助父母树立权威，却伤害了孩子的自尊。

建议则是指针对一个人或是一件事情的客观存在，提出自己的意见，这种方式具备一定改良的条件，使对方或是事情向着积极良好的方向完善和发展。建议通常带有肯定的意味，如果先肯定孩子，再对孩子提出改正意见，孩子会更容易接受，并自觉遵守规矩，越做越好。

四岁的小杰趁妈妈不注意从厨房地上拿出一捆绿叶菜。他先揪下上边套着的皮筋将菜散开，然后把它们分成几份，分别装到他的四辆大小不同的玩具运输车里，如果放不进去，他就用手揪下多余的菜叶或是将它们揉成一团使劲往车上塞，弄得蔬菜乱七八糟。

爸爸看到这一幕，上前一把夺过玩具车，把里边的蔬菜用力倒了出来，将它们归在一起，然后大声批评小杰不懂事，不应该乱动蔬菜，说得小杰不停地抹眼泪，眼睛都红了。尽管当时爸爸的吼叫式批评奏效了，小杰老实了一会儿，可是当一切风平浪静之后，小杰似乎又恢复了之前的样子。他趁爸爸妈妈不注意，又跑到厨房把地上的蔬菜放到卡车里，这次不是绿叶菜，而是换成了西红柿、土豆一类的圆形蔬菜。

正当爸爸气愤不已，想伸手揍小杰一顿的时候，妈妈说话了："你这样大声斥责他有什么用，要给他一些建议才行。"妈妈转身用温和的语气认真地对小杰说道："小杰，妈妈知道你想像卡车司机叔叔一样运输货物，可这些菜是妈妈用来给小杰做美味的原材料啊，如果摔坏了就不好吃了。小杰愿意吃不好吃的饭菜吗？"

小杰若有所思地说了声："不愿意。"接着妈妈说："不如这样，妈妈给你个建议，你把墙角堆着的那些积木和拼图块运到玩具筐里，妈妈拿蔬菜到厨房做饭，咱们比比谁做得又快又好，好不好？"小杰很高兴，一口答应了妈妈的要求，接着就认真地运送起积木来，他可不想输给妈妈。

父母经常以为自己的想法是正确的，孩子就应该顺从，甚至他们都没说自己到底有什么想法，就大声斥责孩子。他们这样做，只是站在父母的高度上威胁孩子，并没有从孩子的角度考虑问题。孩子需要尊重和肯定，而批评是对孩子的指责和否定，只有采取建议的方式处理孩子的问题，多给予孩子肯定，再以理服人，进行循循善诱的引导，才能引起孩子情感上的共鸣。

小区里的妈妈们没事时就喜欢聚在一起说些家长里短，当然，她们最常谈论的话题就是各自的孩子。

有一位妈妈说自己家的孩子真是不让人省心，每天总是做各种不着边际的事情，为此没少挨批评，有时候一天要批评孩子好几回，孩子才能暂时规矩一会儿，她感慨自己的孩子太难管教。她举例说："一天，她让我给她买个MP3，说是用来听英语。我一听很高兴，以为她知道主动学习了。不承想，她不是用来听英语，而是用来听歌的。"周围妈妈问："你是怎么发现的？"这位妈妈继续说："有一次她睡着了，我看她耳塞还挂在耳朵上，就替她摘了下来，这才听到里边放着的是歌曲。她居然骗我，你们说生气不生气？"

其中一位妈妈说道："嗯，你女儿确实不该这样做，不过，你不要总是批评她，最好试着给她些建议。"这位妈妈立即气愤地说："批评她都不听，建议能管用吗？"另一位妈妈解释道："孩子有错误，很多妈妈选择批评，是希望他们能认识到自己的错误，但是你们试想一下，这样做结果是向好的方向发展吗？当然没有。大家一味批评，相当于否定了孩子的一切，包括优点，孩子怎么会甘心顺从？如果站在理解和肯定的角度上，给他们一些建议，让他们感受到尊重，效果则会不同。"

这位妈妈听从了建议，回家照着这个方法去做。她没有用愤怒的语气大声指责孩子，而是心平气和地给予建议，这次孩子很快就照着妈妈说的话去做了，也愿意改正自己的错误，两人的心情都很愉快。

父母给予孩子建议而不是批评，孩子没有受到指责，也没有被否定，从心理上会得到满足，感觉自己占据了主动地位，因此更容易朝好的方向改进。当孩子犯了错误，父母最好用建议代替批评，对孩子多一些温和，少一些怒吼和咆哮，这样，孩子才能认清自己，增强自信，取得更快的进步。

优秀的孩子，绝不是"打"出来的

在中国，很多父母都认为"孩子是不打不成材的"，迷信"棍棒底下出孝子"的教育方法。可是，用"打"的方法来教育孩子，并不能产生好的教育效果。在很多父母看来，打骂的教育方法"行之有效"，殊不知这只是暂时的，孩子表面上听话了，但内心并不认同。久而久之，父母的威信在孩子心中荡然无存，只剩下暴力和邪恶。

不知道家长们是否听过这样一首"挨打歌"：

首次挨打战兢兢，两次挨打哭不停，

十次挨打眉头紧，百次挨打骨头硬，

千次挨打功夫到，我自酣然对你笑。

虽然只是一首打油诗，却真实反映了孩子挨打后的心态。一般来说，家长无法控制自己的情感，对孩子施以体罚，最多一两次就够了，多了反而没有任何效果。一旦体罚成了家常便饭，孩子就会满不在乎，体罚就失去了效果。

有位家长打了 5 岁的孩子后，孩子对打他的家长说："欺负小孩算什么本事！"那位家长说："孩子因为我打他而看不起我，当时那种感觉真的是想找个地缝钻进去。"在孩子眼中，打他就是欺负他、压迫他，使他产生以大欺小的观念，更加无法起到教育效果。

孩子天生就具有自主权和受保护权，任何人都没有权利打孩子。打孩子会使孩子受到身心的双重伤害。而一个伤了自尊的人是悲观的。孩子经常挨家长打，很可能使孩子变得孤僻，不喜欢和人接触，也会无形中给孩子心中树立一种错误的观念，他们会认为解决问题的最佳方法就是暴力，久而久之孩子也就变成了喜欢滥用暴力的人，所以说这样的教育方式根本不能让孩子在本质上认识错误。

因为"打"不仅会给孩子带来肉体上的痛苦，还会产生心理上的扭曲，打孩子容易使孩子产生自卑、胆小、孤僻、撒谎、暴力等毛病，影响孩子的健康成长。孩子的那些不良行为不会因为打骂而被根除，只会让这些错误愈演愈烈，长期处于打骂下的孩子会更加巧妙地掩饰自己的错误。这样做还会导致孩子每次受到家长的打骂，不是用诚实和负责来弥补自己犯下的错，而是暗下决心下次要加倍小心不让家长发现。

孩子因为犯错就遭到家长的毒打，打完孩子之后家长又会感觉内疚，向孩子道歉，这样做不但起不到教育孩子的作用，反而让孩子的不良情绪因此愈加严重。

显然，这样的教育方式是不可取的。父母总觉得打孩子收效大，是因为孩子在被打的时候大多表现出一种害怕的神情，有时嘴里还经常喊着"我再也不敢了""我一定改""妈妈我错了"等话语。其实，孩子未必是发自内心说这些话的，有时仅仅是出于保护自己的下意识行为。

凯凯是一个8岁的男孩，父母都是大学教授，爷爷奶奶也都是高级知识分子。凯凯从小随爷爷、奶奶、姑姑生活，他们宠着他，事事顺着他。凯凯3岁后随父母生活在大学校园。父亲以暴力管教居多。到了入学的年龄，他还是不能正常和别人交往，常常表现出暴力的一面，以自己为轴心。班上的同学没有一个愿意和他接近的，因为所有的小朋友都被他欺负过。

老师问凯凯："你为什么掐小朋友呀？"他理直气壮地说："我爸爸生气时就掐我。"

老师和凯凯的妈妈交流他在校的种种表现，他妈妈说，凯凯的爸爸脾气粗暴，孩子有一点不对，他爸爸对他不是踢就是掐，根本不给孩子申辩的机会。

凯凯在三年级时写了这样一段心里话：有一次，我在外面玩得兴起，就忘记告诉爸爸我晚点回家的事。回到家后，爸爸就对我拳脚相向，嘴里还训斥着我："打断你的腿，看你还有没有下次！"我想，我下次不这样还不行吗？于是我赶紧和爸爸说："没有下次了，下次我再也不敢了。"不说还好，说完这句话之后，爸爸又对我踹了两脚。我真想对他说："爸爸，你下手这么重，你忍心吗？"

别认为孩子小就没有自尊心。对于孩子来说，打骂是身心上的双重伤害，尤其是心灵上的伤害尤为严重。儿童生性就爱模仿大人，他们一天中的大部分时间都与父母生活在一起，他们的学习、品德、健康、卫生、安全、礼貌、交往、兴趣、情感、劳动、消费等各方面都受到父母的深刻影响。父母的言行和待人处事的方式都在潜移默化地影响着孩子，孩子的一些行为习惯的形成就和父母有关。

大多数情况下，家长打完孩子还会反问孩子："你知道因为什么打你吗？"孩子一脸茫然："不知道。"当孩子犯错时，应该正确、清楚地告诉孩子错在哪里，督促孩子改正。

当孩子犯错的时候，家庭成员可以在这个时间段内不理他。一旦孩子停止这种行为，立刻给予表扬。对孩子要有耐心，能给予他们改正错误的时间和机会。父母不要表现得那么暴躁，要表现出自己坚定有力的那一面。要表达出自己的观点，而不是对孩子一味斥责，与此同时还要倾听孩子的观点。

那么，我们应该对孩子的错误行为听之任之吗？当然不是，问题是如何把惩罚和让孩子认识到错误的方式合理结合起来。只骂孩子不打孩子，也不是一种可取的办法。父母在气头上，骂孩子大多口无遮拦，想起什么骂什么，什么话狠就骂什么，因此常常会使用一些侮辱性的语言，这样虽然不会给孩子造成肉体上的痛苦，但对孩子的心灵伤害极大，会严重地损害孩子的自尊心。

柔声细语地说，胜于大喊大叫

有些孩子对于父母说的话就像没听见一样，任凭家长在一旁喊得声嘶力竭，孩子都无动于衷。父母有没有找到原因呢？一起看下面的例子。

"丁丁，去把手洗干净，要吃饭了。" 7 岁的丁丁自顾自地看着动画片，对于妈妈第三次的召唤他仍然无动于衷。妈妈火了，扯着嗓子大声训斥："你没长耳朵吗？没听见我在叫你吗？"并走上前去关掉了电视。丁丁很无辜地垂下眼皮，很不舍地走出房间，随后低声嘟囔："你玩电脑的时候，我叫你，你不也听不见嘛！"

生活中经常会出现这样的场景，家长们为此感到十分疑惑，心想："孩子为什么对我的话无动于衷呢？"有的父母认为孩子这样的行为是一种不尊重家长的行为，如果继续这么纵容下去，孩子早晚会变得目空一切。

其实，遇到这种情况，父母不妨往好的方面去想想，孩子注意力集中不正表现于此吗？同时，不要急于给孩子扣帽子，责骂孩子"不长耳朵"，而要鼓励孩子，用爱心去感化孩子，并传达对孩子的信任。父母还应该及时地反省自己，看看自己有没有过错。

很多家长都出现过这样的行为，对着孩子大喊："我再警告你一次，下不为例，这也是你最后一次，你听见没有？！"父母的怒火并不能让孩子改掉上述习惯。这样做，会让你精疲力竭，却很难奏效。试想一下，叫喊怎么可能让孩子做出改变呢？

更关键的是，大声的说教方式只会把孩子带到对立面，亲子关系也渐渐疏远。每一次对立，都会让彼此的关系更为恶化。

同时，你管教孩子的成果也会因怒火而毁于一旦。粗暴的说教方式对孩子的成长是极为不利的。一旦家长这样粗暴的教育方式成为习惯，孩子对家长说的话也就会是"左耳进、右耳出"了。

英国教育协会教授斯塔朋·斯科特表示，大声吼叫孩子是一个糟糕的现象："大声吼叫并不能唤起孩子对这个世界的激情，相反，孩子很抵触家长对于自己的怒吼，这对他们心灵的伤害是巨大的。"美国心理学家苏·格哈特也认为，有时候，孩子的压力是因为家长对自己的怒吼而产生，而且怒吼对于孩子大脑的成长是极为不利的。

对孩子大声喊叫下命令是最不明智的做法。应该用温和的态度对孩子进行说教，这样孩子会觉得你的说教是正确的，他们愿意按照你说的去做。

比如妈妈催促正玩得高兴的孩子吃饭。显然，孩子正在兴头上，妈妈大叫："准备吃饭了，赶紧洗手！"一般不大可能有效果。此时对孩子发火，孩子反倒难以理解父母的反应。如果想让孩子听话，请家长们放下手中的事情，把孩子带到一个安静的场所并对他们用舒缓的方式说教。其实，每个孩子都有很强的好奇心，你对他说话的方式越柔和，他越能对你说的话产生信服感。

如果妈妈实在是生气了，可孩子还是没有任何反应，妈妈就需要来到孩子面前，轻抚孩子的肩膀，叫他的名字，帮助他停下手里的事情。当孩子注意力发生转移时，你再开始说教。说话时，妈妈最好用双眼注视着孩子。这样有助于将双方带入平静的状态，久而久之，孩子也会养成看着别人说话的习惯，这是一种尊重别人的表现。

父母学会控制自己很重要，在你将要发怒的时候要想办法使自己平静下来。比如,数几个数,或是对自己进行深呼吸。如果你不能做到上述那样的情景,情绪失控的你选择对孩子发了脾气，那就记住一定要向孩子道歉，告诉孩子家长也是普通人，也会犯错误，但是他们一定会改正的。

第三章

宽容以待，孩子的有些错误没有什么么大不了

对于孩子无意间的过失，给予一定的宽容

男孩子在成长的过程中，调皮捣蛋、不小心做错事的情况经常发生。孩子因为自己无意间犯的错误也会感到深深的内疚和自责。在这时家长不应该对孩子批评，批评只会造成彼此间亲情的疏远。如果以后孩子再次不小心犯错，他们很可能会编造谎言故意隐瞒。还有就是一味地指责和打骂不能让孩子改正错误本身，只能是对父母心生恐惧和厌恶。当孩子犯了错误以后，父母的宽容实际上是在无声地告诉孩子："你是好样儿的，只是偶尔犯了错误而已！"

有时候，孩子好心却做错事，在这时父母对孩子的宽容就显得尤为重要了。父母首先要表扬孩子的出发点是好的，然后和孩子一起分析错误的出处，并给予正确的指导和帮助。孩子因为得到了父母的理解和宽容而心生感激和愉悦之情，他们会时刻牢记父母对自己的建议，并努力改正所犯下的错误。

史蒂芬·葛雷是一个非常有成就的科学家。

幼年时的他某次不小心把牛奶瓶打碎在地上。母亲并没有因为他的失误而对他大声斥责，而是夸赞他道："孩子，你太有艺术细胞了，牛奶在地上画白云是一个很棒的创意！反正牛奶已经洒在了地上，你应该在收拾它之前，再多画一些有创意的东西。"

孩子这样做了。

过了几分钟，母亲对他说："好吧，现在让我们一起把地面清理干净吧。"

于是，史蒂芬·葛雷乖乖地和母亲一起把地面打扫干净。他的母亲紧接着对他说："孩子，我们再次在瓶子里装满水，你试试看是否能够拿好。"

史蒂芬·葛雷发现，只要双手抓牢瓶子，那么瓶子就不会掉在地上。

史蒂芬·葛雷在多年后这样回忆道："从那一刻我明白了犯错不可怕，只要能改正，并且从中学到东西就好。"

毫无疑问，葛雷的母亲是具有教育艺术的，她深知用宽容去对待孩子的过失。经过和孩子慢慢沟通，可以达到让孩子改正错误的目的。孩子因为得到宽容，也从大人身上学到了一些做人的道理。自信的孩子懂得自我接纳，因为他们生活的环境很包容，孩子不自信的原因是每天承受了过多的责备和压力。

如果父母对孩子不小心造成的错误给予宽容，会使孩子内心受到深深地自责，并在懊悔、内疚中对自己的过失进行冷静的思考，促使其在父母的大度中痛改前非。

张亮最近新买了一辆纯白色的汽车，他很喜欢，每天都像宝贝一样的擦拭。

有一天，张亮5岁的儿子看到了爸爸停在门口的白色汽车，忽然有了一个想法：汽车这么白一点都不好看，我要给爸爸画一个好看的画，让爸爸的汽车变得更漂亮。于是，他拿出在培训班学习时的笔和颜料，开始在爸爸的汽车上作画。

等张亮从楼上下来，看到他每天都擦拭的宝贝已经被儿子涂得乱七八糟，瞬间就火了。但当他走近想教训儿子时，看到儿子很认真地画着，而且还用歪歪扭扭的汉字写着"我爱爸爸"，张亮的火气瞬间消失的荡然无存。

儿子回头看到爸爸来了，高兴地问道："爸爸，你看我画的好不好看？"

张亮笑着看看儿子，说道："你画得真棒。不过，你有没有想过，你这样在汽车的脸上和身上乱画，汽车多难过啊。要是有人在你的脸上和身上这样画画，你也不愿意、也会很难过，对不对？"

儿子抬头认真地思考着爸爸的话，然后点了点头。

爸爸摸着儿子的脑袋，说道："那你记住了，以后画画要在纸上画，这样画出来的图案才会漂亮。不可以在其他的东西上画画，知道了吗？"

儿子低下了头，说道："知道了，爸爸，我以后一定不在汽车或者其他东西上画画了。我只在白纸上画画。"

"我儿子真聪明，爸爸一教就明白了。你也不是故意在汽车上画的，爸爸不怪你。你不是喜欢玩水吗？和爸爸一起来洗车好不好？"

"好啊，好啊！我现在就把汽车洗干净，让汽车的脸和身体又是白白的。"说着儿子兴高采烈地上楼去拿洗车的用具。

在家庭教育的过程中，父母应该学会宽容。宽容这种教育方法是平等的，父母不会再为孩子的错误而耿耿于怀，宽容教会了家长和孩子平等地沟通，让孩子感受到父母对自己的关爱和鼓励，今后孩子在面对挫折和困难时，会拿出加倍的勇气和信心来面对，最终走向成功的一天。

面对孩子所犯下的错误，父母要以理解的心态正确引导和对待，从而让孩子改正错误。孩子也需要纠错的机会，父母不要因为孩子犯一两次错误，就不敢让孩子去动手做事了。

当然，父母在宽容孩子的错误时，也应该把握一个度，做到宽严相济、松紧有度。宽容是好的教育方式，但也要注意把握尺度：第一，孩子已经意识到自己犯错，并因此深感内疚和自责，这个时候可以运用宽容手段；第二，面对孩子的错误，父母只能宽容而不能选择迁就的方式来纵容孩子，孩子犯错了，家长应该在交流方式上让孩子感到错误的严重性，并因此而改进，家长不能抱着想起来就管，想不起来就不管的态度，这样会让孩子感到犯错无所谓；第三，宽容的最终目的是帮助孩子纠正自己的错误行为。

有坏毛病的孩子，绝非就是"问题孩子"

在家长眼中，很多男孩子好像永远是个"问题"，他们总是有这样那样让家长们不满意的地方。对那些有坏习惯和坏毛病的孩子，我们冠之以"问题孩子"的称谓。然而，与好孩子、乖孩子的听话、乖巧、学习成绩好、尊敬师长不同的是，家长眼中的"问题孩子"多表现为行为叛逆、上网成瘾、厌学逃学、早恋、自闭、对亲情冷漠、习惯性打架等。

然而，我们总是把问题表面化，"问题孩子"固然让我们头疼，但"问题孩子"的形成并非一朝一夕，这是一个长年累月的过程，"问题孩子"带给我们的启示远不是他们表面上顽劣不堪的那些行为，而是支撑他们那些行为背后的心理状态。对"问题孩子"错误的教育方法只会把他们推向更深的深渊，让他们走上不能回头的弯路。根治需要良方，每个问题都有根源，孩子问题的根源往往是家长。

经常有一些家长带着自己的孩子去向心理咨询师咨询，他们有一个共同点就是：抱怨自己的孩子不是理想中的那个样子，孩子身上问题多多，有的甚至说自己的孩子就是个问题孩子，对孩子充满失望，甚至已经绝望了。

小奇的妈妈对小奇倾注了很大的心血，总希望他能在学习上出类拔萃，

其他方面也都比别人强，于是经常辅导小奇做功课，让他帮忙做家务等等。这种做法引来小奇老师的赞赏，于是，妈妈对小奇的要求越来越严格了。

很多次，妈妈辅导小奇的时候，遇到难题，就反反复复给小奇讲解，小奇一时难以理解，仍然挠头说："不明白。"妈妈一股火气蹿上来，劈头就骂："你怎么那么笨啊，讲了多少次了还不懂，猪脑子啊！"小奇只好悻悻地眨巴着眼睛不敢出声，可是他还不会做题。妈妈越骂他越紧张，哪还有工夫思考呢？

他越不会做题，妈妈的责骂就越变本加厉，哪怕他做家务事不小心把刷碗水洒在地上，妈妈也会斥责他。结果小奇似乎越来越笨，妈妈也越来越失望，经常对别人说："我的孩子有问题，长大了一点出息都没有。"就这样，小奇成了妈妈眼中的"问题孩子"，他无力反抗妈妈的话，只好变得越来越沉默、自卑，他不再像以前那样开心和自信。而小奇与妈妈之间也开始产生隔阂，家庭关系变得冷淡。

现在，很多孩子都被贴上了"问题孩子"的标签。诚然，有些孩子确实存在着这样那样的问题，有可能孩子天生内向，不爱说话，表现得孤独而自卑，在学校、社会上表现的都不如家长所愿，家长也曾试图教育自己的孩子摆脱这些问题的困扰，但最后还是失败了。于是，我们常常看到家长用悲观态度去审视自己的孩子，对孩子未来的前途充满失望，而他们的孩子也总是目光麻木、反应迟钝，没有了生命最初的那种剔透灵动，神采奕奕。

"问题孩子"最大的悲哀在于孩子自身并没有放弃、否定自己，社会和父母却已经放弃、否定他们了，把孩子放在社会的对立面，孩子只能变得更孤独、更沉默甚至冷漠自闭、走向极端。这样对待孩子，孩子怎么会有自信的心态呢？

孩子需要鼓励而不是批评，孩子身上的优点都是因为鼓励而被激发出来的。通过研究发现，孩子不经常受到鼓励，他的潜能只能开发到20%—30%，而如果是经常受到鼓励的孩子，能开发出70%—80%的潜能。孩子是否喜欢和承认自己，在很大程度上取决于父母对他的爱，如果父母能对孩子充满赏识，他就会在这种爱的氛围中充分的肯定自我，家长是孩子的监护人，不能随意践踏孩子的自尊，尤其是那些本身存在着问题而被社会所排斥的孩子。

刚开学一个月，何老师就收到一位同学的来信，这封信的内容让何老师很震惊：老师，我觉得活着没有意思，我想自杀，我恨我爸爸妈妈。

何老师赶紧找到这位写信的同学，并与他展开了深入的交谈，原来，小男孩的父母给他制造了太大的学习压力，每次都要求他考进前三名，而且必须考上名牌大学。

"他的家庭条件也不怎么好，全家人都指望着他呢。上中学后，他看到了很多成绩优秀的同学，这让他感到很担忧。"何老师说。

现在，家长多以"学习成绩"作为判断孩子的唯一标准，孩子学习成绩好，就是好孩子，反之就是"问题孩子"，"问题孩子"的标签压得孩子透不过气来，而父母的批评则让孩子彻底失去了承认自己的信心，让他们在"问题"的道路上越陷越深。自信的孩子往往是因为得到了鼓励。一个本就内向、孤独的孩子如果得不到父母的肯定，一味地遭受父母的批评和责骂，他只会变得更加孤独内向，破罐子破摔，哪还有去改变自己的决心和信心呢？生活在指责骂中，他就学会了自卑，学会了冷漠，学会了否定自己，根本不可能做任何的改变。

人之初，性本善。一个孩子来到这个世界上，就像高山上的泉水，没有一点杂质，而最先迎接他们到来的是父母。父母希望孩子永远能保持自己纯净的状态，不沾染一点儿杂质，然而，在溪水的流动过程中，总有这样那样的杂质汇入。孩子也一样，在他们的成长过程中，总有这样那样的缺点，让父母不满意。父母要做的不是责备，而是反思，孩子这些缺点是如何形成的，我应该怎样帮助孩子改正这些缺点。

人非圣贤，孰能无过，更别提年幼的孩子了。看到孩子的诸多缺点，父母当然着急，但是，请不要轻易地说自己的孩子是"问题孩子"，不要忙着给自己的孩子贴标签，标签一旦贴上孩子的后背，就不再容易取下。父母们不妨先想一想，我们是否是"问题孩子"背后的"问题父母"，想要让自己的孩子脱离"问题"的苦海，父母们必须学会教育孩子的方法，改变孩子从改变自身开始，对症下药，才能治本，解决好父母自己的问题，"问题孩子"一样可以变成出色的孩子。

听不听话，不是衡量孩子的标准

很多男孩子被家长认为"淘气"，而这个称呼多是形容那些"不听话"的男孩子。他们爱惹是生非，爱给家长添麻烦，让人很头疼。家长再三劝告、批评，效果仍然不好。这样的孩子，就会被人笼统地归结为"淘气"。淘气的孩子常常让家长感到头疼："他一会儿也闲不住，跑到这又跑到那""他天天和我们唱反调""他搞的恶作剧真能把人气疯了"……

与"淘气"相对应的，就是所谓"听话"的孩子了。家长常常把"听不听话"作为衡量孩子的标准。表面上看这是家长要求孩子对自己的态度问题，实际上长此以往，孩子就养成了"顺从"的性格，没有独立的人格。然而，家长根本就没有意识到这样只会助长孩子的依赖性，孩子凡事都听命于家长和老师，一点独立思维，独立做事的能力都没有，长大后这样的孩子如何立足于社会？更谈不上对社会有所贡献了。

一次家长会上，老师提了一个问题："认为自己孩子不听话的，请举手。"大多数家长举起了手。其中有几位家长好像认为这是多么尴尬的事情，都低着头。

"为你们有个不听话的孩子感到高兴！"老师大声地说道。听到这话，那些举手的家长一脸困惑的表情。"听话就是按父母说的话去做。"老师接着说。在场的家长都点了点头。老师又问："如果做人最成功是100分的话，你们给自己评多少分？"大部分家长认为在70~80分。老师又问："想不想让你们的孩子有个更精彩的人生？"家长们齐刷刷地说道："想啊！"老师说："听家长话的孩子就是再复制你的人生，谈不上超越。他们这样最多只有70~80分的表现，还谈不上冠军。"

听完这话，家长们都低下了头。

道理就是这么简单！

淘气只能说明孩子拥有好动和求知欲望强烈的性格。但在大多数家长看来，这样的孩子让人十分头痛。殊不知，孩子过于听话就会丧失自己的独立思考能力，家长也因此忽略了培养孩子其他潜能的想法。

现实生活中，大多数父母都喜欢"听话"的孩子，他们认为这样的孩子将来一定能有所作为。但实际上听话的孩子独立性差，创新能力要远远低于其他同龄人。

以"听不听话"为标准来衡量孩子是典型的封建教育思想在作祟。要适应当今社会，缺乏独立意识和创新意识，是无法在这个社会上立足的。

没有哪个孩子是不淘气的，只是淘气的程度不同罢了。孩子不听话、淘气的举动正是聪明的表现，因此家长必须要跳出"听话教育"这个束缚思想的误区。大多数家长希望自己的孩子能有些创造性，但当孩子真的表现出一些不同于别的孩子的特质时，父母就又开始担心了。

"不听话"就是这种特质的表现之一。其实"不听话"也是有其存在的道理的。因为这样的好奇心正是创造的种子，应该倍加珍惜、培育和赏识。对于孩子的淘气行为，家长要有一颗宽容、理解的心。

孩子犯了错，先听解释而非直接责备

很多家长认为，孩子做错事就应该受到责备，不能纵容孩子再犯类似的错误。当然，父母批评责备孩子本没有错，但凡事都要有一个衡量的标准。即便孩子做了错事，也要弄清他们为什么犯错，犯的错误到底有多严重，然后再找出相应的对策。如果家长只凭一时愤怒，还没听听孩子对错误的解释，就对孩子进行惩罚，会给孩子的心理带来深深的伤害。

宇浩今天早早就起床了，他趁爸爸妈妈不注意的时候跑到卫生间，从洗漱台上拿起爸爸的刮胡刀就在脸上鼓捣起来。没过一会儿，在卧室睡觉的妈妈听到什么东西掉到地上，"啪"的一声，紧接着就是宇浩的哭声。她吓坏了，迅速起身跑向卫生间，看到宇浩脸上被划了个小口子，流了点血，再看看掉在地上的刮胡刀，一下子就明白是怎么回事了。

本来妈妈最近工作很忙，经常加班到深夜，好不容易等到周末想睡个懒觉，偏偏这时候被宇浩吵醒，再加上她看到宇浩随便玩爸爸的刮胡刀，更是气得不行。宇浩看妈妈生气了，惊慌失措地擦拭脸上的伤口，这时妈妈不由得大声责备道："宇浩！你到底知不知道你在干什么？刮胡刀很危险的，我早就告诉你这些东西大人才能用，你不要随便动！你看看现在你的脸被划破了吧？

真是太不听话了！"宇浩听到妈妈怒不可遏的声音，更是吓得哇哇大哭。

妈妈只管俯身收拾掉在地上的刮胡刀，没有安慰宇浩，她只是想让宇浩记住这次教训。宇浩越来越感到委屈，不停地哭，虽然声音变小了点，眼泪却没有停止。

其实宇浩一直是个听话的孩子。如果父母说别碰水壶，会烫手，他就不会去碰；如果父母说别随便开水龙头，会把衣服打湿，他也不会去玩。爸爸认为宇浩跑到卫生间玩刮胡刀很反常，一定有什么事情，如果没有原因，他相信宇浩不会随便动大人的东西。爸爸把正在哭泣的宇浩抱了过来，耐心地询问道："宇浩，你今天为什么要用爸爸的刮胡刀啊？"宇浩回答道："张老师在班上给我们排情景剧让雨欣演妈妈，让我演爸爸。我看爸爸经常用刮胡刀，所以我也用了。"这时妈妈才弄明白宇浩动刮胡刀的真正原因，对自己刚才不分青红皂白就大发雷霆的行为感到很后悔。

其实，父母保护孩子远离危险本无可厚非，但是当孩子做错了事，父母在没弄明白原因的情况下直接责备，也显得不近人情。孩子虽然年龄还小，思想不成熟，对一些事情考虑得不周到，但有些时候，他们犯错也是有原因的。父母在张嘴责骂孩子之前，不妨先听听孩子怎么说，弄明白事情的原委再发表意见。这样做，不但是给孩子机会，也为自己与孩子之前的关系更近一步提供了机会。

很多父母面对孩子犯错，第一反应就是责备，这显示出他们无法处理好这件事情的无奈和无助。须知，孩子也是有羞耻心的，也是要面子的。如果他们真的犯了错误，一定会心存愧疚，但是如果因为某种善意而犯了错误，恰在此时，家长又没有倾听他们的解释，草率处理，就会让孩子在心理上无力承受，他们感到伤心委屈，对自己所做事情的对错失去判断。

萌萌今年四岁，是个聪明伶俐的孩子，不过她也很调皮捣蛋，经常在家里跑来跑去，弄得身上脏分分的。那时妈妈每天上班，奶奶在家陪着萌萌，而萌萌最高兴的事情，就是每天晚上等妈妈下班。

　　一天，萌萌看到天黑了，像往常一样等妈妈，当她听到门外愈走愈近的脚步声和同时响起呼唤"萌萌，萌萌"的声音时，赶忙过去开门。妈妈进了家门，萌萌立刻从旁边搬来一把小椅子递给妈妈。但妈妈向沙发那边走去，没有看到萌萌搬来的小椅子。当妈妈在沙发上坐下来，奶奶过来和妈妈说话，萌萌又把小椅子搬来，一个劲地说："妈妈快坐下，妈妈快坐下。"

　　但是大人说话的声音淹没了孩子的声音，妈妈还是没有听到。这时，萌萌把椅子搬起来直接放到了沙发上。妈妈回过头，看到沙发上的椅子十分生气，认为萌萌是在故意捣乱，于是大声责备道："这么脏的东西怎么能放到沙发上呢？赶快拿下去，要不然妈妈生气了。"萌萌还在说："妈妈你坐吧。"妈妈更加气愤："你赶快拿走，不然我就再也不让你坐这把椅子。"萌萌被妈妈吓坏了，伤心地哭了起来。这时，奶奶从厨房走了出来对妈妈说："萌萌今天学了一首歌叫《我的好妈妈》，里边唱得是：'我的好妈妈，下班回到家，劳累了一天，多么辛苦呀，妈妈妈妈快坐下……'所以她才搬来了小板凳，想让你坐在上边好好休息。"

　　此时，妈妈想起刚才萌萌确实对自己说"妈妈快坐下"，只是自己没有看到，所以她才把椅子搬到沙发上，想要引起妈妈的注意。萌萌感到委屈，还在不停地哭。妈妈也为错怪了孩子感到内疚，赶忙把萌萌抱到怀里说："对不起萌萌，是妈妈错了。萌萌觉得妈妈上了一天班很辛苦，所以给妈妈搬来了椅子让妈妈坐。谢谢萌萌。"

　　父母发现孩子做错事，不要急着批评，有时你弄清前因后果，会发现事情并非你想象的那样。就如同萌萌的妈妈，以为孩子把椅子放在沙发上是故意捣乱，而孩子这一举动却是关心妈妈。

　　所以很多时候，我们看到的现象只是表面的，并不能反映事情的本质，只有深入分析，弄清原因，才能找到合理的解决方式。如果孩子出于好意而犯错，却遭到家长的批评，那他肯定会认为自己做的好事并不是好事，从而对自己失去信心，以后也不会再做这件事。或是自己明知是好事，但被父母无端认为是错事，遭受批评，于是跟父母赌气对抗，导致双方的关系向不良的方向发展。

为避免出现上述问题，家长在面对犯错的孩子时，最好不要急着责备，先倾听孩子的解释才是最重要的。

对于孩子的错误，有时可以用故事来教育

男孩子多动、喜欢探险、四处瞎跑，因此他们总是会犯错，对犯了错的男孩子，父母如果直接指出，并责令其改正，效果往往不是很好，如果换一种方式，从侧面教育孩子，孩子可能更容易意识到自己的错误。

让孩子从侧面认识错误的方式有很多，故事教育法就是其中的一种。对于大人来说，运用这种方式教育孩子是简单轻松的，他们只需将孩子身上出现的错误用故事的形式再现，无须责备、生气，孩子会自行领悟。而对于孩子来说，这种方式新鲜有趣，也是他们比较愿意接受的。

故事教育法的作用多种多样，首先它可以用摆事实、讲道理的方式激励孩子。有时候，父母在孩子身上发现一些问题，但由于这些问题并非具体化的，无法用一两句话解释清楚的时候，可以用相同类型的故事或例子比喻，使孩子受到教育。

上小学的吴洋最近干什么事情都提不起精神来。爸爸问他发生了什么事，他总说没什么，就是觉得自己太笨，不想学习。于是爸爸问吴洋："你知道科学家牛顿吗？"吴洋说："当然知道。"爸爸说："别看牛顿是一名伟大的科学家，可他小的时候学习成绩也不怎么好。我来给你讲讲他的故事吧。"吴洋一听爸

爸要讲故事，就认真听了起来。

爸爸说："牛顿小时候出生在乡村，后来去城里念书。但因为那时候他学习成绩不好，所以在同学之中很不受欢迎，尤其受到一个成绩优秀的孩子的歧视。一天，这个学习好的孩子故意找碴将牛顿打倒在地。虽然牛顿平时总是忍让，可这次不一样了。这一打，似乎把牛顿的斗志激发了出来，他就想：'你凭什么打我，是因为你成绩比我好，还是身体比我强壮？我可不能再被别人小瞧了，我这次一定要赢了你。'于是他站起来就和那个孩子扭打在一起，最终那个孩子被牛顿逼到墙角动弹不得，牛顿赢得了胜利。从那以后同学们都知道牛顿是个勇敢的孩子，没有人再敢欺负他。而牛顿自己呢？通过那次打架事件，似乎明白了一个道理，那就是人只要有勇气，不认输，敢拼搏，就一定能成功。后来他每天刻苦学习，发愤图强，遇到困难也不肯放弃，最终功夫不负有心人，他取得了全班第一的好成绩。"

吴洋听完故事，似乎意识到自己也和之前那个被人欺负的小牛顿一样，不是自己不行，只是还没有拿出勇气和拼搏精神。此后他不再没精打采，而是认真学习，虽然学习成绩没有像牛顿那样名列前茅，但也取得了不小的进步，还获得了老师颁发的特殊进步奖。

其次，故事教育法可以启迪孩子的心智，让孩子通过一些富有哲理的故事，改变自己的坏脾气和不良个性。人们常说当局者迷，旁观者清。孩子作为当局者，对自己的脾气和个性充满着迷茫和不解。作为旁观者的父母，虽然清楚地知道孩子的问题所在，但有时直接讲出来会伤害孩子的自尊。如果用富有哲理的故事间接表达某种意图，既诙谐幽默又委婉动听，孩子在感觉风趣的同时能不知不觉地领悟到其中的寓意。

可可从小聪明伶俐，自从他上了小学，不仅学习成绩名列前茅，屡屡受到学校表彰，在特长方面也优异于其他同学。他画的国画经常被贴在学校的展示栏里，被来往的家长和学生参观。他还会跳舞、唱歌、拉小提琴，经常被老师选为班级代表参加学校的文艺演出，还收获了不少奖杯和奖状。在老师面前他是个优秀的学生，在同学面前，他是个值得学习的榜样，所以，可可有些骄傲自满，开始飘飘然起来。爸爸发现了儿子的问题，想找机会教育他一下。

一天，爸爸带可可到公园散步，两人坐在绿油油的草坪上，望着蓝天，感觉无比轻松惬意。这时候，爸爸说："可可，爸爸你讲个故事吧，这个故事很有意思。"可可迫不及待地想听故事，于是爸爸开口讲道："这个故事的名字叫'空杯心态'。一天，一名大学教授给他的学生上课，他先拿起一个透明的杯子，用一些大石子将杯子装满，接着问学生：'你们看杯子装满了吗？'学生看到杯子确实被大石子填得满满当当的，于是回答说：'装满了。'教授没有说话，接着又拿出一些小石子往里放，这些小石子很快就填补了大石子留下的空隙。这时，教授又问：'杯子满了吗？'学生们看到杯子已经被大小石子装满，于是回答：'满了。'"

可可开始没明白爸爸讲这个故事的用意，只觉得很有意思，就问爸爸："爸爸，到底满了吗？"爸爸说："我再接着给你往下讲，一会儿你就知道这个杯子满没满了。教授还是没有说话，他又拿出一些细小的泥沙往杯子里放，用来填补小石子留下的空隙，接着又往杯子里灌了半杯水，又问同学说：'这次杯子满了吗？'这回，同学们不敢随便回答，而是个个睁大了眼睛认真观察，等他们确定杯子已经被塞得满满当当，确实没有一点空隙了，便回答说：'满了。'这次教授依然不动声色，他又拿出一把盐洒进了被装得满满的杯子里，再次问道：'同学们，杯子装满了吗？'这次，再也没有学生敢轻易回答了，因为他们也开始觉得这个杯子不是那么容易装满的。"

爸爸问可可："这次，你认为这个杯子装满了吗？"可可思考了一下说："哎呀，爸爸，这我可说不好！要是这么看的话，这个杯子是装满了。"可可停顿了几秒钟又说道："可是，每次那些学生说装满的时候，教授都能再往里边倒些东西，他太神奇了，所以我就猜没有装满吧。"爸爸说："嗯，可可猜对了，这个杯子没有装满。不过这不是因为教授神奇，而是人心很神奇。人的心态就好像这个杯子一样，只要一直认为它是空杯，就能不断容纳和吸收新的东西。也就是说，我们只有心胸宽广，不骄傲、不自满，才能接纳和包容这个世界，才能学到更多对我们有益的知识。"

通过这个故事可可明白：人要是骄傲自满就会停止进步，只有谦虚谨慎，才能不断进步。此后他渐渐改掉了骄傲的毛病。

一个有智慧的妈妈或爸爸，在发现孩子错误的时候，不会指责，也不会生搬硬套讲一堆大道理，而是会给他们讲述一个意义深刻的故事。通常来说，故事简单易懂，情节具有推动性和发展性，容易引人入胜。当孩子听完故事，会不由地与自己对比，并渐渐改进自己的不足之处。

当孩子有情绪时，给他们一个释放的空间

当孩子因为情绪不佳、气愤、不满而哭闹的时候，多数大人会感觉烦躁不已，于是说出"别哭，再哭就把你关到小屋里"或是"再哭我就打你了"之类的话。这种语言虽然制止了孩子的"坏脾气"，但却未起到缓解作用。

其实，每个人遇到不开心的事都会闹情绪。成人心理承受能力强，也想找个机会发泄，更不用说心无城府的孩子。孩子发脾气，大多因为他们的需求没有得到满足。另外，他们年纪尚轻，心智不够成熟，不可能像成人一样可以自我开导，也就不可能很快调整好自己的心态。如果长时间不能宣泄情绪，而是将其深埋起来，会对孩子的身体和心理造成不良影响。

小哲已经三岁了，但他一年里的大多数时间都跟妈妈待在一起，只有到了节假日，爸爸才能陪伴在他身边，因为爸爸的工作地点在另一个城市，不方便经常回来。平时，小哲的妈妈对小哲管教特别严厉，该他做的事情会让他去做，不该他做的坚决不会妥协。妈妈之所以对他要求如此严格，是因为担心小哲长期和女性生活在一起，潜移默化受到影响，长大后会缺乏男子汉气概，她希望未来的小哲是独立而坚强的。

小哲刚会走路的时候没少摔跤，可是每次妈妈都不会去扶他，而是鼓励

他自己站起来。如果小哲摔得重了，大哭起来，妈妈会立即说："不要哭，你是男子汉，可不能随便掉眼泪。"但小孩子疼痛的时候，哪管那么多，他仍旧哭。接着，小哲的妈妈就会十分气愤地说："不要哭了，再哭我真生气了。你是个男孩子，如果轻轻摔这么一下都受不了，以后怎么做大事？把眼泪收起来！"小哲见妈妈生气了，感到害怕，不敢放声大哭，只得轻轻抽泣，再过一会儿就安静了。于是，妈妈认为自己的男子汉培养法见效了。

可是，当孩子越来越大的时候，妈妈感到困惑了，她觉得自己明明已经把小哲训练成了男子汉，可小哲却在很多方面表现得很懦弱。例如，他三岁的时候上了幼儿园，每天不停地哭，开始时妈妈认为他刚到一个新环境，有个适应过程也正常。可是一个多月过去了，其他新入园的孩子都已经和老师、小朋友亲近了不少，大家玩得很愉快，只有小哲依然一进幼儿园大门就哭。

老师安慰他不管用，小朋友跟他玩，他也不理不睬，连饭都吃不下去。老师问他为什么哭，他说想妈妈了。此时，小哲的妈妈仍然采取男子汉教育法，任凭其哭泣也不妥协，每天坚持送孩子到幼儿园。后来小哲因为哭得厉害得了哮喘，妈妈没办法，只好每天让他上午去一会儿幼儿园，吃过午饭就接回家，自己的工作也受到了影响。不仅如此，小哲的身体越来越差了，现在稍微受到点风寒就生病，妈妈为了照顾他，每天疲惫不堪，再不敢用男子汉教育法对待他了。

小哲在妈妈男子汉训练法的培养下，不但没有变坚强，反而愈发脆弱，这是情绪长期受压制，没有机会宣泄的缘故。对于一个幼小的孩子来说，哭是宣泄情绪最好的方式。然而小哲的妈妈为了培养其男子汉气概，强行剥夺了孩子哭的权利。当小哲摔倒了，感到疼痛的时候，他会大声哭泣，因为疼痛是一种真实的感觉。可是每当妈妈以"男子汉不该觉着痛"的说法否定小哲的感觉，小哲担心妈妈生气，只得强行将情绪收起来，时间一长，他就怀疑当初的疼痛感是否真实了。

其实孩子的哭声虽然被压制了，但内心不好的感受依然存在，等到下次再碰到这样的事情时，他依然会哭，因为尽管在哭泣的时候会遭受妈妈的责备，但这在孩子眼中也是一种关注。为了更多地引起妈妈的注意，孩子就会依赖哭泣，这种行为一旦形成习惯就很难改变。

很多孩子为什么会有心理疾病或者是性格不招人喜欢，就是因为他们平时遇到事情的时候，没有及时发泄情绪，因此会感到郁闷、委屈，对周围事情持怀疑态度。可见，孩子在成长路上会遇到很多事情，父母一定要认真观察并保持耐心，看到孩子发脾气尽可能地给他们机会，给他们时间，让他们在合理的条件下尽情宣泄，只有这样，孩子才能快乐健康地成长。

雨萱是个十分淘气的女孩子，她经常像小男孩一样登高爬低，上蹿下跳，让妈妈费心劳神。一次，雨萱和同住一个小区的小伙伴一起玩传球，球好不容易传到她这边，她还没拿稳，就被旁边的小朋友童童一把抢了去。雨萱脾气倔强，哪能就此罢休。她怒气冲冲地走到童童面前，伸手准备把球抢回去。结果球没抢到，反被童童用力推倒在地上。

雨萱这一摔倒，再也忍不住了，坐在地上放声大哭。这哭声中有委屈也有疼痛。一旁的邻居都劝雨萱的妈妈说："快抱起孩子吧，别让她哭了。"妈妈走了过去，坐在雨萱旁边，轻轻把她抱入怀里说："好孩子，想哭就哭吧，妈妈在这陪着你。"这时雨萱哭得更肆无忌惮，边哭边说："童童是坏蛋，我不喜欢她了，以后再也不跟她玩了。"大约过了十分钟，雨萱慢慢平静下来，她擦了擦眼泪，停止了哭泣。这时候妈妈问她："雨萱，童童刚才不是故意的，你现在还和她玩吗？"雨萱思考了一下，就好像哭过之后已经忘记之前发生了什么一样，又和小伙伴们高高兴兴地玩了起来。

为了避免孩子被不良情绪困扰，父母最需要做的不是用过激的语言或行动阻止他们，而是给予其机会，让他们适当地宣泄情绪。等孩子将情绪全部释放之后，父母会发现孩子的心情平静了不少，之前还不太理解的事情，一下就能够看明白了，而且还变得更为宽容，心胸更为坦荡。

第四章

学会拒绝，绝不会惯着孩子的非分之想

学会拒绝，不是每个愿望都要满足

教育学家对各位家长如此告诫道：不是孩子的每一个愿望和要求都应该得到家长的满足。一味满足的爱子方式是错误的。父母们应当提醒孩子不要光考虑自己，也应该考虑一下其他的家庭成员。这看似简单的道理却常常被各位家长忽视。身为家长，总是想方设法满足孩子的各种需求。不但自己不舍得买点什么，还要将别人的那一份也挪给孩子。这样的父母，有没有想过孩子的欲望就像是个无底洞。你满足了他的这一个愿望，孩子马上就产生了下一个愿望。这样无度纵容孩子的做法，深深毒害了孩子的思想。久而久之，孩子会养成目中无人、自私自利的坏习惯，而且，当他们的愿望无法满足时，他们还可能因此变得意志消沉，怨天尤人。

另外，父母以身作则，厉行勤俭，也是"训俭"的一个好办法。

在撒切尔夫人童年的记忆中，父亲罗伯茨是个不舍得花钱的"小气鬼"。有一次，11 岁的撒切尔夫人买自行车的愿望被父亲却拒绝了，父亲并不是拿不出买自行车的钱，但他认为女儿在这个年纪还没到用自行车代步的时候，不该花的钱，父亲是一分也不会花的。

罗伯茨经常对孩子讲自己当年勤俭节约的事例，他说自己的第一份工资只有十四个先令，其中十二个交房租，剩下的两个，一个存起来，一个做生活之用。

罗伯茨虽然对家庭成员很"抠门"，但他对别人却很大方，他常常会给穷人一些东西。他对女儿说："想想是否能给别人提供最实际的帮助，而不是像某些人那样，认为去市场代替穷人抗议一下就是帮穷人。重要的是你能用这些身外之物做些什么有意义的事？"

这些教育使撒切尔夫人养成了节俭的好习惯。

节俭是一种美德，家长们都应当理直气壮地教育孩子节俭，让孩子懂得不是要买什么就能买什么，衣、食、住、行等各方面都不能奢侈，只有这样，才是在为孩子做长远打算。

孩子的物质要求不能都满足，要教导孩子拒绝虚荣心，因为不管怎样都没有最好，只有更好，这样比是比不完的。

一味溺爱孩子，事事顺孩子的意，就会让孩子养成诸多不良性格，因此对孩子的一些不合理要求就一定要拒绝，这样才会让孩子变得懂事起来。

现在，越来越多的家长经常会感叹："我们小时候什么也没有，还不是每天高高兴兴，现在的孩子什么都有，却老是不满足。"确实，由于家长们习惯于过问孩子们的物质需要，过分给予子女物质享受，使孩子的性格变得骄奢、自负、贪婪，到头来，想管都没法管了。

其实，我们可以把孩子的心灵看作是一张白纸，毫无瑕疵的白纸，他们的思想、行为还有待父母"刻画"。但人的欲望是个无底洞，小孩子更是如此。本来，孩子还没有经济收入，一些物质需求肯定要靠家长来帮助实现。在这个信息爆炸的时代，孩子通过网络世界将自己的视野拓宽，因此他们有着更强的欲望。而家长们出于溺爱想方设法满足孩子的要求，唯恐自己的孩子被别人家的孩子比下去。这种观点大错特错，过度纵容孩子的欲望，会让孩子养成目空一切的坏心态，他们日后进入社会势必处处碰壁。

基于上述情况，在日常生活中，家长对孩子的不合理要求不能不管。不要迁就孩子过分的要求，即便对孩子正当的要求，也要视家庭情况而定，不见得所有都要满足。

　　但是，如何才能做到不对孩子迁就呢？

　　拒绝孩子的不合理要求也是有必要的，但也要注意方式、方法，小孩虽小，可心里明白，自己所依靠、所依赖的就是父母，孩子的心灵是很脆弱的，轻易甚至粗暴拒绝孩子的方式，会对孩子的心灵造成伤害。当你准备不迁就孩子的时候，那你一定要想好拒绝的方式，让孩子能最大程度理解自己，让孩子感到家长不是通过干涉自己的自由来管自己，而是自己的要求太过分，或者家里的确有困难。让孩子从小就明白克制欲望的道理，培养孩子的抗挫折能力，这对他们日后的成长深有益处。

　　在拒绝孩子的时候，答应孩子若是条件允许，在其他时候一定会兑现诺言。信守诺言，也会给孩子树立良好的榜样，从中还能让孩子感受到你对他的关爱。还有，家长若是已经察觉出孩子的意愿，并主动代为说出，这样更能增进彼此间的感情，还可以达到互相理解、互相信任的目的。

　　生活中常遇到的情况是孩子坚持要买新玩具，被母亲拒绝。孩子质问母亲为何刚才替自己买了新衣服，现在却不肯买玩具给他玩，并以哭闹相威胁。母亲可能怒火冲天，当众大骂或给孩子一巴掌，结果孩子大哭不止，做母亲的十分尴尬，其他人也会受到影响。

　　母亲在孩子的苦苦哀求下，不如先遂了孩子的愿望，待回家再慢慢教导："你看你的玩具已经多得没处放了，你还要添置新的。阿姨家涛涛的一个小坦克玩好久了也没有换，一件心爱的玩具才是最重要的，比你每天换新的要强。"这种低调处理会出乎孩子的意料之外，会令孩子歉疚，他的脑海中可能会出现另一个他，叫自己以后不要提无理要求。

　　如果父母对孩子无论什么事总是最终妥协、同意，允许其破坏规矩，自己就会显得很软弱，不坚决，没主见，孩子的行为就会表现出对父母的不尊重——孩子们有时就是在父母的妥协中放任自己的。

真正爱孩子不是事事顺他们的意，而是满足他们的合理要求，巧妙地拒绝他们的无理要求，这样才能让孩子养成良好的习惯，健康成长。

出门之前，就告诉孩子不会答应他的要求

很多男孩子都喜欢室外活动，家长每次出门时都希望能带着他。但通常情况下，到了餐饮或娱乐场所后，孩子经常会在不经意间提出各种要求，例如去超市会乱买东西；到餐厅里胡吃海塞；经过游乐场所时，不顾时间或条件限制，随意玩耍。如果遭到父母的反对，他们就会大声哭闹或在言语和行动上表现出诸多反抗。面对这种情况，父母通常会批评教育，但如果找不到一套合理的方式方法，就算批评教育的次数再多，也不会起到好的效果。

成成已经 6 岁了，上幼儿园大班。虽然他在幼儿园表现很好，老师说什么他就做什么，是老师和小朋友口中的"乖孩子"。可是在家里，他却任性霸道得不得了，不管什么时间、什么场合，只要他想干什么，父母就得立刻满足他的要求，否则他就又哭又喊又摔门。父母实在拿他没办法。

再过几个月，成成就要进入小学了。最近他总是向父母提这样或那样的要求。一天，妈妈要到超市买日用品，成成非要跟妈妈一起去。刚进超市，他就要求妈妈给他买新衣服，说开始新的校园生活应该穿新衣服。妈妈觉得有道理，同意了他的要求。可是过了一会儿，成成又以新学期、新气象为由，要求妈妈给他买新的铅笔、橡皮、文具盒。其实家里已经有很多铅笔，还有

文具盒，也都刚买回来没多长时间。但是想到儿子要上小学了，妈妈还是同意给他把所有文具都换成新的。

如果仅是这些要求也还好，可是当他看到商场里家具专柜摆放的造型别致的桌椅衣柜后，居然要求妈妈把他房间内的家具全部换掉，说房间现在的家具用的时间太长，既不好看也没有新鲜感，要是不换就会影响他学习的心情。妈妈认为成成这次的要求提得过分，就直接拒绝了他。可是成成却不吃这一套，在超市里大哭大闹。妈妈对他批评教育，但一点用也没有，被他弄得心烦意乱，真恨不得揍他一顿。

其实，父母批评教育孩子也要讲究方式方法。每当孩子提出要求遭到父母拒绝而大哭大闹时，并不是只要父母苦口婆心地给他们摆事实、讲道理，就能将事情处理好。如果在孩子提出要求之前就抑制他们的念头，例如告诉他们"一会儿去超市不能看到喜欢的东西就要买""去自助餐厅不能吃汉堡、炸鸡""到游乐园玩的时候不能随便乱跑，选择游乐设施要考虑危险因素"等，相当于在心里给孩子打了一剂预防针，让孩子提前意识到哪些要求不该提，有助于更好地解决问题。

小孩去超市通常喜欢乱买东西，如果遭到拒绝就会哭闹。天天就是这类孩子中的一个，父母为此很是烦恼，因此每次他们购物时，都不想带天天一起去。天天妈妈的同事任霞告诉了她一个好办法，那就是在孩子提出要求之前，先抑制孩子的要求。天天妈妈尝试之后，发现果然有效。

一天，天天妈妈要到超市购买牙膏、洗衣粉等日常生活用品，她让爸爸在家陪伴儿子，一个人好快去快回。可是天天不同意，一定要让妈妈带他一起去。妈妈对天天说："我不能带你去，因为你去了超市总喜欢乱买东西，所以还是留在家里玩你的玩具吧。"天天站在那里没有说话，就好像他的小心思一下被妈妈识破，没有反应过来一样。妈妈穿上衣服，拿起购物袋马上就要出门了，天天一下就着急起来，他跑过去抱住妈妈的腿说："妈妈，我什么都不买，就出去看看。"妈妈俯下身子问道："是真的吗？"天天说："是真的。"妈妈说："那你要说话算话，要是你没有做到，今天就没有动画片看，好不好？"天天说："行！"母子俩拉了勾之后，愉快地出了门。

这次去超市，天天看到机器人玩具忍不住摸摸抱抱，多看几眼，始终没提把它买回家的要求，妈妈非常满意。之后，无论到什么地方，只要妈妈意识到天天可能会提无理要求，都会提前向天天说明，抑制他的念头，这样一来，天天便很少提出不合理的要求了。

父母经常陪伴在孩子身边，应该是最了解孩子的，孩子喜欢什么，不喜欢什么，在提要求之前行为特征是什么样的，父母应该一眼就能分辨出来。在带孩子外出或是参加活动的时候，父母首先应该对孩子进行观察，第一时间了解他们的想法。如果意识到孩子会提无理要求，就要提前改变他们的想法，让他们自己不好意思说出口。

提前制止孩子提不合理要求，让孩子在思想上有个准备，可以有效避免之后的亲子冲突，将不愉快的程度降到最低。提前抑制孩子提要求的方法有很多，可以直接告诉他们不能怎样做，或是转移他们的注意力，让他们无暇顾及自己的想法等。但是，在此之前，父母一定要认真观察孩子的想法，提前进行心理疏导，这样就可以轻松解决棘手的问题。

拒绝孩子赖床，好习惯需从小培养

著名心理学家威廉·詹姆士说："播下一个行动，收获一种习惯；播下一种习惯，收获一种性格；播下一种性格，收获一种命运。"

幼儿期是一个人的思想观念和行为习惯形成的重要时期，在这个时期培养好的作息习惯，有利于塑造孩子的健全人格。在父母的思想意识里，要重视幼儿时期这个培养好习惯的黄金时期，耐心和细心地对孩子进行教育，同时还要注重总结实践经验，探索有效的方式方法，从晚上准时入睡着手，为孩子在白天的活动具有良好的精神状态做出坚持不懈的努力。

孩子在幼儿时期，最让父母头疼的事莫过于早晨叫孩子起床。如果父母起床不够早，对送孩子去幼儿园、上班的时间安排得十分紧凑，就会因为孩子不能按时起床情绪冲动，一个阳光明媚使人心清气爽的早晨，会因为孩子赖床搞得一团糟，既耽误了早餐，也不能按时上班。相信每个家庭都上演过这样的一幕。

早晨6点半，可儿的妈妈来到她的房间叫他，语调温柔地说："可儿乖，起床去幼儿园和小朋友玩了。"5岁的可儿显然没有睡够，睁了一下眼睛说："不起。"妈妈抬手拉开窗帘，想让房间亮一些，能使可儿真正地醒来。但这时可儿发脾气了："把窗帘拉回去！拉回去！"妈妈这时还在将就女儿，试图哄着她起床，便把窗帘又拉了回去，说："可儿已经醒了，起床吧，妈妈给你做了好多好吃的。"

可儿不领妈妈的情，坐起来指着窗子说："不对！拉成跟刚才那样！"妈妈试着又拉了几下，可怎么也不能让可儿满意，妈妈这时忍无可忍了，大声说："快点起！不起打屁股！"可儿大叫："不起，就不起！"妈妈掀开被子在可儿的屁股上打了一巴掌，可儿大哭大闹起来，妈妈气得也哭了起来。

这时妈妈的情绪彻底失控，一边呵斥女儿一边哭。最后是母女两人各哭各的，各喊各的，简直闹翻了天。可儿不穿衣服，妈妈束手无策。这时候时间已经明显晚了，爸爸走进来，把可儿从床上"拎"起来，三下五下把衣服给她穿上，不由分说地抓起书包就扯着她走出了家门。这一家人，因孩子不起床闹翻了天，谁也没有吃成早饭不说，还因为太过匆忙而忘了这样或那样的东西，简直搞得鸡飞狗跳。

有专家指出，孩子早晨不爱起床并不是真的起不来，而是故意不起床。这一点可以通过一件事来证明。比如孩子喜欢玩水，家长早上说："快起床，咱们去游泳。"相信孩子会立刻从床上爬起来。所以，关键不在是否爱起床，而是在于当孩子起床后，他面对的是他喜欢的还是讨厌的。因此，若是孩子赖床，家长就可以从孩子高兴的事情来引导他快些起床。在孩子赖床时不要像可儿的妈妈那样情绪失控，不仅使自己的情绪变坏，也让孩子一天都不开心。

让孩子养成不赖床的另一个条件，就是不要什么都由家长代替，要培养孩子的独立性。在很多独生子女家庭里，本来可以由孩子自己去做的事都被父母代劳了。衣来伸手、饭来张口，连起床、穿衣、玩乐都有人伺候，甚至很多应由孩子自己做的选择和决定都被家长代替。长此以往，孩子就形成了强烈的依赖心理，对自己的事缺乏参与感，总是习惯性地等着父母来做，认为按时起床是"父母的事"，这在孩子的思想意识里如果变得根深蒂固，就很难在行为上有所改变了。

习惯决定性格，性格决定命运。从小培养起孩子的良好习惯，将来这些好的习惯就会成为孩子最宝贵的财富。

拒绝之后，不要心软地又向孩子妥协

父母一味迁就顺从孩子，对孩子的成长非常不利。迁就顺从看似使孩子的情感需求得到满足，但是满足过度便成了溺爱。溺爱对孩子有百害而无一利，它会使孩子自私自利，不懂为他人着想，在性格上飞扬跋扈，不懂宽容和忍让；口无遮拦，不懂礼貌，做事不能自控；没有纪律性，不能承受任何挫折等。因此，及时拒绝孩子的不合理要求，是父母爱护孩子的表现。

有很多父母知道拒绝，但态度却不够坚决。当孩子提出不合理要求时，若父母不予允许，孩子通常会以哭闹作为威胁。此时，父母担心孩子的不良情绪引起健康问题，于心不忍，或是害怕坚持自己的意见会使情况向着更恶劣的方向发展，让自己心力交瘁，于是便会轻易向孩子妥协。然而，妥协之后尽管一时缓解了孩子的不良情绪，但长此以往，孩子会更加任性、放纵，令父母无法管教。

嘉豪是一个任性放纵的孩子，无论做什么事情，他都喜欢由着自己的性子来。如果父母认为他的所作所为无理，会拒绝他的要求。但拒绝过后，嘉豪会十分任性地哭闹，甚至一哭就很长时间停不下来。父母担心他把嗓子哭坏，没一会儿就会妥协。

一次，嘉豪去姥姥家，拿着一个小木棍在门口不远处挥来挥去。一会儿，一个亲戚进了院门，刚往前迈了几步，就被嘉豪的小木棍碰着了。亲戚觉得孩子毕竟还小，怎么玩都不算过分，还夸赞他是个男子汉。嘉豪听了十分自豪，不管不顾地挥舞着他的小木棍。他见妈妈在客厅和姥姥说话，就跑过来拿小木棍朝妈妈身上打去，边打还边呵呵笑着说："把你们都打败。"紧接着，他又跑到姥姥身边，举起小木棍打了姥姥的腿，姥姥没防备，"哎哟"叫了一声。

　　听到这一声，嘉豪更加兴奋。他再次举起木棍打向妈妈。这时，妈妈觉得嘉豪捣乱，太没有礼貌了，斥责他说："自己到一边玩去！不许再用木棍打人了！"嘉豪却说："我就是要打，把你们都打败。"妈妈听了很生气，瞪大眼睛用愤怒的语气大声吼道："要是再这么没规矩，小心我打你啊！"

　　嘉豪被吓到了，大哭起来，一边哭嘴里还一边念叨："就是要打你们""把你们都打败""我不喜欢你们"等。他哭了一会儿，发现妈妈没有妥协，一下就躺到地板上哭，一边哭一边使劲蹬地，弄出很大动静。

　　妈妈觉得嘉豪当着这么多亲戚的面哭，让她很没面子，她想打嘉豪一顿，但又怕打完之后他哭得更厉害，于是赶快对他说："行了，别哭了，是不是打一下就行了？"嘉豪一听妈妈妥协了，擦了擦眼泪点头说了声："嗯。"妈妈说："行了行了，快起来打一下，打完赶紧去那边玩去。"嘉豪站了起来，露出了笑容，他用小木棍用力打了妈妈一下，然后笑着跑开了，随后还得意地说了一句："哼，不听话我就打你。"妈妈本以为嘉豪这下老实了，可是没一会儿，他就拿着小木棍去打别的亲戚，总之不把家里每个人打一遍他就不罢休。妈妈虽然对他这种行为感到气愤，但也无可奈何。

　　人的欲望是没有止境的，孩子也是如此。当孩子提出不合理的要求或是行为不当时，父母想通过教育改变他们，但通常又狠不下心来，于是对他们妥协退让了。孩子尝到了甜头，还会期待第二次，此后他们的不当行为就会无限扩大。这就和人占了小便宜的心理一样，占不到时还没那么强烈的欲望，一旦占了一次就想占第二次，得寸进尺，无穷无尽，更加难以抑制。

轻易向孩子妥协会带来很多不良后果。因此，父母应该当机立断，该拒绝时就拒绝，一旦拒绝就不要轻易妥协，否则会助长孩子的不良行为。当然，拒绝也是有讲究的，不要跟孩子争论太多，也不能拒绝之后就把孩子搁在一边，冷眼相待，而要等孩子平静之后，站在平等的角度跟孩子讲道理。如果父母给予孩子耐心和尊重，孩子一定能认识到自己的错误。

云帆四岁的时候非常调皮霸道，想干什么必须要得到及时满足，否则就躺在地上一边大哭，一边打滚。

一天，比云帆大三岁的表姐琳琳过生日，小姨邀请云帆到家中为琳琳庆祝。当天，妈妈很早就带着云帆去了小姨家，想帮忙做些什么。到了下午五点钟的时候，门铃响了，小姨过去开门，原来是预订的生日蛋糕送到了。云帆看到生日蛋糕，馋得口水都快流出来了。他很想吃，就问小姨："我能尝一尝吗？"妈妈赶快过来阻止说："云帆，今天是姐姐过生日，你要等到生日会开始的时候，大家一起吃。"

云帆起初答应了，可是等了没一会儿，他又被蛋糕诱惑得嘴馋起来。他跑到厨房，看看蛋糕，再次说道："我要吃蛋糕。"妈妈再次拒绝了他的要求。这次，云帆不高兴了，他大声哭喊着要"吃蛋糕"，并且一边流泪，一边躺在地上进行威胁。

小姨不忍心，对云帆的妈妈说："不然就给孩子吃一块吧，反正早晚都是要吃的。"妈妈说："不能这么惯着他，不然太不尊重琳琳了。要吃也应该让琳琳第一个吃。"紧接着，云帆更加肆无忌惮地哭闹，不但躺在地板上，还在地上左右翻滚起来，嘴里还不停地喊着："我就要吃蛋糕，就要吃蛋糕。"妈妈几次要求他起来，但是无效，小姨忙说："孩子还小，想吃蛋糕也正常，谁第一个吃都没关系。"可是妈妈就是不愿妥协，说不能惯他这种坏毛病，于是任凭他在地上打滚。

过了一会儿，云帆见自己哭闹、打滚的伎俩对妈妈不管用，于是停止哭闹。接着，他擦干了眼泪，观察妈妈的反应，但妈妈没有回应。又过了一会儿，他就自己从地上站了起来，乖乖走到妈妈身边说："妈妈，我不能一个人吃蛋糕，一会儿和姐姐一起吃。"妈妈见云帆平静了下来，于是问道："你刚才为什么要哭闹打滚呢？"云帆说："因为你不让我吃蛋糕。"妈妈说："不对，妈妈不是不让你吃，而是让你等到姐姐的生日宴会开始的时候大家一起吃。"接着妈妈耐心地给云帆讲道理，告诉他这样做的坏处。云帆也意识到自己的行为不对，就到一边去玩，直到开饭前，他再也没有提无理要求。

当孩子提出不合理要求时，父母千万不能毫不犹豫地答应，而应该根据情况坚决地拒绝。在拒绝时，要给孩子讲道理，让他们知道父母拒绝是有正当理由的。而且，当孩子以哭闹相威胁时，父母切记不能心软，否则之前所做的一切努力都将付诸东流。

拒绝后尽可能避免向孩子妥协，这相当于将主动权抓在自己手中，避免被孩子支配。而要做到这一点，要求父母能够细心观察，探索孩子的内心，及时了解孩子的需求，然后再把握时机做出正确的反应。

打一棒以后，学会给一颗"甜枣"吃

孩子被拒绝后，会出现种种负面情绪，他们会不满、抗拒、沮丧、懊恼，做事缺乏积极性……此时，父母有必要做的事情是安抚孩子，这在我国古代叫"打一棒子，给一甜枣"。父母在对孩子进行日常教育时，不应该只是打一棒子——拒绝，还应该学会如何给一甜枣——安抚，二者相互结合，恩威并施，宽严相济，才能调教出优秀的孩子。

拒绝不是一味板着脸，对孩子不理不睬，不予回应；安抚也不是顺应孩子的主张，满足他们的不合理要求。只有在拒绝之后再进行安抚，才能有效疏导孩子的不良情绪，让他们更好地正视自己的问题。

但是有些父母往往一听到孩子提出不合理要求就直接拒绝，拒绝后也没有及时体察孩子的内心，感受孩子的情绪，继而进行适当安抚。孩子将不良情绪压抑在心底，觉得自己不被接受和认同，时间一长，就会影响身心健康。

肖灵和彭洁既是发小又是多年的老同学，两人十分亲近，因此经常在一起讨论孩子的教育问题。

一天，彭洁对肖灵说，最近这一阵，自己的孩子悦悦不知为何每天回家都是一副无精打采、闷闷不乐的样子，就好像生病了一样。肖灵问："孩子不会是身体不舒服吧？"彭洁说："到医院检查过了，没有任何问题，可就是打不起精神来，大夫说可能是最近心理压力过大。"肖灵立即意识到问题的严重性，便问彭洁："最近悦悦有什么不高兴的事情吗？有没有被老师批评或是和同学闹矛盾什么的？"彭洁想了想说："没听她说起过，应该没有吧。"

随后，彭洁又认真回忆了一下，突然想起两个星期前家里发生了一件不愉快的事情：悦悦要求妈妈给他买一个平板电脑，还强调要内存最大、价格最贵的那种，结果遭到妈妈的拒绝。后来为这事，妈妈还狠狠地批评了她。之后她情绪就不怎么好，也不愿意多说话了。

肖灵说："孩子的内心是很敏感的，特别是像悦悦这样的孩子，平时就不善言辞，心事重，要是心里一直压着不痛快的事，更是难受，你应该好好安慰一下她，做做她的心理工作。"

在彭洁看来，这只是一件小事，事情过去就过去了。可是肖灵又说："悦悦被你拒绝后，肯定心里不舒服，不愿说话。而这个时候你又对她不理不睬，没有及时开导她，告诉她你为什么不同意给她买平板电脑，这样悦悦的负面情绪会越积越多，所以就会越来越没有精神。当你拒绝了孩子之后，一定要记得给予安抚，让她把不良情绪释放出来。"

彭洁明白了这个道理，等悦悦回到家后，她先跟悦悦谈论了上次买平板电脑的事情，说出了自己拒绝的合理理由，并表达了对悦悦的关心和爱护，言辞诚恳，态度温和。很快，悦悦就放下心理负担，像以前一样轻松自在了。

爱孩子不仅仅体现在如何拒绝孩子的不合理要求上，还体现在如何安抚孩子脆弱的心灵上。有的孩子内心比较强大，被拒绝后可能一会儿就把不愉快的事情抛到脑后了，但有些孩子心思重，难以释怀，心里的疙瘩如果没有及时被解开，就会压得他喘不过气来。但不管孩子性格如何，被拒绝后总会或多或少感到不舒服，父母的及时关注和安慰不但能帮助孩子梳理情绪，更重要的是能引导他们正确看待问题。

父母安慰孩子的方式有很多，可以亲切交谈，还可以给予孩子一个大大的拥抱，但是拒绝之后的安慰最好在一个小时之内进行，否则拖得时间越长，安慰的效果越不好。并且父母在安慰孩子的时候，要以平等的身份进行，让孩子感觉到自己被重视，孩子才会理解父母的想法。

一天，海东左手抱着皮球，右手拿着一辆玩具卡车对妈妈说："我想去公园里玩沙子。"妈妈说："不行啊海东，今天下午两点我们要去参加爸爸公司的聚会，很早就得把中午饭吃完，还要留出时间午休，所以时间不够，我们就在小区的花园里玩儿，好吗？"海东说："可是我就想去公园，小区的花园一点也不好玩。"妈妈继续说："去公园一来一回要花掉一个小时时间，我们到那里还没玩一会儿就得回来了。"但是海东就是噘着嘴用不高兴的表情表示抵抗，接着就哭了起来。

其实妈妈也很想带海东去公园玩，但为了妥善安排时间，她确实不能妥协。她先让海东哭上一会儿，释放一下情绪，等他平静下来之后，拿了一个苹果递给海东，然后对他说："妈妈很爱你，妈妈真的很想带你去公园玩，之所以拒绝你，是因为妈妈更希望你到那里可以尽情地玩，玩得更高兴，但今天时间真的不够，等到下个周末有时间，妈妈一定带你去。"海东听完妈妈的话，擦去脸上的泪痕说："妈妈，时间不够我们就在小区里玩吧，下次再出去好好玩。"海东很快就不再介意这件事，妈妈欣慰地笑了。

很多孩子遭到拒绝后，心里会感到不快。为驱散孩子心里的阴霾，父母一定要及时给予安慰。安慰的时候，一定要在态度和语调上多加注意，还要将拒绝的原因解释清楚。安抚不仅是让孩子理解父母，父母也要表现出对孩子的爱，这样拒绝才算圆满。

拒绝成为孩子的拐杖，放开双手让孩子自己飞翔

　　有多少家长以爱之名害了孩子？古人说"严厉是爱，溺爱是害"，孩子不应是笼中的囚鸟，而应是搏击长空的苍鹰。古代先哲们早就留下了这样的话"儿孙自有儿孙福，莫为儿孙作马牛。"但是过了几千年，有些家长还是没有学会适度放手，给孩子一些自己的空间，让他们做自己的选择，孩子的事情家长总是包办代替。这样的行为愈演愈烈，到了最后，一些辛苦一生的家长只无奈地留下了"富不过三代"这样的长叹！

　　很多家长打着保护孩子的幌子，替孩子做决定，当孩子表达出自己的想法时就会被家长的意愿抹杀，孩子就是在这么长久的束缚下变成了一个唯唯诺诺、畏首畏尾的人了。如果家长长期庇护孩子，那么等到他长大独立的那天，他有庇护自己的能力吗？这无形中阻碍了孩子的成长。没有谁能陪谁一辈子，当家长老迈的那天，孩子自己是否有足够的能力来应对一个人的生活？

　　曾有一位母亲在给远方打拼的儿子的信中这样写道："你即将要成长，而母亲却要退到你的身后"。这位母亲深知最好的爱是放手的道理，不放开双手，孩子怎么能靠自己的能力闯出一片天地？有一种爱叫聚合，也有一种爱叫分离，这两种都代表了家长对孩子的疼爱。家长最好的爱，就是培养孩子的独立精神，尽快将孩子变成一个独立的人，这样做的目的就是希望孩子将人生

掌握在自己的手里，用独立的人格面对世界的挑战。很多家长认为自己做不到放手。其实放手很简单，不断让孩子尝试就是"王道"，而让孩子按照自己的意愿按部就班地活就失去了生命的意义，日后他们有什么能力应对社会的挑战呢？

因为爸妈工作忙的缘故，小宏从小就和乡下的爷爷奶奶生活在一起。等到他九岁的时候，爸爸妈妈才把他接到了城里。

父母看到和自己已经有些生疏的小宏感到万分愧疚。于是，父母怀着对小宏愧疚的心开始了对孩子的溺爱。短短几年时光，小宏从刚来时乖巧听话的好孩子变成了现在耍无赖的小霸王，心情不好的时候就喜欢摔东西、发脾气。

父母明白，小宏这样的行为不好。可是想想这些年对孩子的亏欠，父母就都忍了。就是在父母这般溺爱成长下的小宏，好逸恶劳不说，还常常逃学上网，再后来就索性不去上学了。

父母看着小宏变成了这样，感到痛心疾首。为了哄小宏重新回学校读书，他们答应了小宏的要求，买笔记本电脑、手机，父母这样做就像供财神爷一样。倘若父母稍有不顺，小宏就会挖苦父母："你们真抠门！"父母只好任由小宏这么闹下去……

现在的小宏只是闹一闹，但如果父母对孩子的溺爱就这么继续下去，那么小宏的未来可想而知。现在，你还敢用你的溺爱教育孩子吗？

孩子在家长看来永远都是长不大的孩子，现在的家长之所以不肯给孩子一些自己做事情的机会，首先是怕麻烦，缺乏对孩子做事的信心，还不如替孩子做了简单；其次，家长从主观上认为孩子不具备单独做事的能力，只图自己省心，却忘记了对孩子能力的培养。其实家长不能按照自己的意愿去让孩子发展，因为孩子早晚都有长大走向社会的那天，就这样一直庇护着孩子，他将来在社会上拿什么立足？该放手时就放手，给孩子腾出一些自由生长的空间，让孩子尝试着独立完成一些事情，这才是赋予生命最好的意义，这样的教育方式才是真真正正地对孩子负责。当然，在"放手"的初期，也需要给孩子一个逐渐适应的机会，完全放手不管无异于断了线的风筝。

在教育孩子的同时，家长还需要注意调节孩子的心理压力。家长的期望值过高也会无形中成为孩子的压力，身为家长，最为行之有效的方法就是对孩子适度放手！期望过大给孩子造成的压力，最终导致的结果就是两败俱伤。做家长的，其实只要脚踏实地，陪着孩子学习，观察他们的长处，给他足够的鼓励和支持，让他在宽松的环境中成长，那就是最大的关怀和爱护了。如果家长总是拿自己的期望来驾驭孩子，就会弄得双方都没有喘息的空间。

孩子都有一种力量，当孩子自动自发去学习什么东西时，家长想拦也拦不了。所以，家长在对孩子教育时该放手就要放手。当然要有计划地放，并给予适当的扶持，让孩子一步一步慢慢来，家庭教育中没有对孩子的适当分离就没有孩子的独立。家长们总会有"谢幕"的那天，请家长们早点把舞台还给孩子。

第五章

理性沟通，解决孩子学习的烦恼

慢慢培养，从小让孩子有个良好的学习习惯

孩子写作业磨蹭是有原因的，有的是因为作业中出现难题，有的是害怕艰苦的学习过程，有的是依赖父母，只有父母陪着写作业才能安心，也有的学生是有厌学情绪或者某种生理疾病。对于孩子不好的学习习惯，父母只有通过认真观察和分析，找出真正的原因，才能找出解决方法。

强强上小学了，每次放学回家写作业总是磨蹭，不是找借口不写作业，就是在写作业时总搞小动作。他一会儿跑去找吃的，一会儿要上厕所，一会儿又要躺一会儿，一会又想玩这玩那，遇到相对难一些的题目，他很长时间内都不能完成一道。强强每天写作业要拖到深夜，严重地影响了自己的作息时间。

父母为此感到很焦虑，然而观察一段时间后发现，别管强强怎么磨蹭，最终作业还是能写完的，只是强强考试的成绩越来越糟糕。这时强强的班主任找家长谈话，反映强强上课的时候经常打瞌睡，听一会儿就趴在桌子上，注意力也不集中，建议别让孩子老熬夜。

原来，强强每天的作业量并不多，只是他写作业不专心，总是一边写一边心里想着别的事，仅仅半个小时的作业，他三个小时也写不完，一拖就到

半夜，搞得家长也没法安心睡觉，只能全家陪着一起"熬"。

　　一个有良好学习习惯的孩子必定是一个爱学、会学的孩子，一个有不良学习习惯的孩子必定是一个厌学、恶学的孩子。一般来说，制定学习目标、提前预习次日所学内容、上课认真听讲、书写规范、及时复习、经常阅读等习惯，都是良好的学习习惯。具备这些习惯的学生大多都会有好成绩。好习惯可以让人走在正确的轨道上，孩子的终生幸福由好习惯来决定；反之，孩子若是养成了坏习惯，往往会贻害一生。

　　很多父母认为学习习惯不好的孩子是"品行不良"，把问题症结完全推到了孩子身上。其实，孩子的很多言行举止、行为习惯是受家长和家庭环境的影响。据调查发现，家长教育观念落后、学习意识淡薄、管教不当等因素最易使孩子养成不好的学习习惯。

　　孩子的家庭环境中，学习氛围不是很浓的话，孩子是难以养成良好的学习习惯的。试想一下，如果父母平时不爱学习，不读书、不看报，也从不讨论历史、文学、政治、音乐，而是一下班就躺在沙发上玩游戏或在家里打麻将，家里喝酒划拳、乌烟瘴气、一片喧闹，却强迫孩子好好学习，这是一件多么荒唐的事情，孩子很容易就会对父母产生逆反心理。而反过来，如果家里是宁静、典雅的气氛，爸爸在看书，妈妈在写字，哥哥姐姐都在学习，孩子很容易就会被这种氛围所感染，自己也找一本书看，哪怕是装模作样，也想让自己和这个优美的环境"匹配"上。

　　所以，在养成孩子良好的学习习惯这件事上，父母光靠一味地指责往往是行不通的。父母自身做好学习的表率，为孩子树立学习的意识，才能创造出良好的家庭学习氛围。

　　李乐是一个非常聪明的孩子，学习成绩在班上总是名列前茅。然而随着学习慢慢深入，他的成绩却一路下滑。老师通过家访了解到，李乐的父母最近喜欢上了打麻将，只要有机会就隔三岔五地召集一些"麻友"来家里打麻将。因为李乐的成绩一直不错，所以李乐的父母并没有担心这样会影响孩子学习。

然而事情并没有李乐父母想得那么简单。虽然李乐的成绩优秀，也能够自觉学习，但是长期在这种恶劣的环境下学习，他开始变得烦躁易怒，在家做作业总是不能够静下心来，而且晚上休息不好，脑子里总是"嗡嗡"作响。因为没有充足的睡眠，第二天上课时不能集中精神，因此成绩一落千丈。

在老师的劝说下，李乐的父母认识到错误，并停止了打麻将。李乐的父亲还报了在职研究生，以此来推动李乐学习。全家人有意识地营造学习氛围，把李乐的房间布置得非常温馨。在全家人的努力下，李乐的成绩突飞猛进，重新回到了前几名。

良好的家庭氛围对孩子的影响至关重要。父母潜移默化的行为对孩子学习习惯的培养、学习兴趣的启发、学习观念的正确树立所起的作用都是很大的。

孩子有了不良的学习习惯，就会影响正常的学习和生活，那么，父母应该如何让孩子克服不良的学习习惯呢？

首先，要重视家庭学习环境的建设，让孩子可以在一个非常适合学习的环境下学习。其次，父母要以身作则，为孩子树立良好的榜样，可以先从自身做起，培养一种或几种健康有益的兴趣爱好，对自己感兴趣的东西进行比较深入的研究。例如，如果父母爱好下棋，那么就钻研一下棋谱，再带着孩子一起下棋；如果父母喜欢辩论，可以和孩子一起收集资料，研究问题，准备充分以后再针对某个时下热议话题展开讨论，促进思想上的交流，增长知识。

和孩子一起做事，让家长的学习兴趣自然而然地对孩子的学习兴趣和行为产生影响。

同时，为了克服孩子的不良学习习惯，父母还要帮孩子形成专时专用、讲求学习效率的习惯。孩子在学习时应该注重效率，在目标时间内完成指定任务。由于孩子性格、年龄不一，每次学习时集中注意力的时间长短也是不一样的，因此父母要从孩子的实际情况出发，给孩子制定学习目标。像 7-8 岁的孩子，每次学习的时间长度不宜超过 20 分钟，随着年龄的增长逐渐拉长学习时间。

父母要帮助孩子树立时间观念，指导孩子掌握时间，该学习时就认真地学习，该玩耍时就快乐地玩耍，按预定好的时间作息。要让孩子懂得，一旦开始学习就一定要进入学习状态。鼓励孩子坚持下去，就能使孩子形成专时专用的习惯。

还有，父母不能因为学习成绩的好坏，就选择是否捧摔孩子。对孩子不能不管，要管就要负责到底。父母应该时刻注意孩子的学习动态，父母和孩子彼此之间要增加沟通交流，为孩子营造一个良好的家庭学习环境。

父母可以与孩子一起分析造成学习成绩好与坏的具体原因，分析学习过程中的细节，研究采取什么样的学习方法最合适。处理好学习和娱乐的关系，可以促使孩子养成良好的学习习惯。

没有不贪玩的男孩，让孩子学会寓教于乐

男孩子贪玩是天性，很多男孩子一提到玩就开心得不得了，一提到学习就愁眉苦脸的。这让家长感到十分头疼。于是，为了防止孩子贪玩，有的家长就开始限制孩子，不允许孩子玩。

一看到孩子玩，家长便气急败坏地骂道："你就知道玩？怎么不好好学习呢？""整天就知道不务正业，还不快写作业去！"结果，孩子贪玩的行为是被遏制了，可学习成绩和效率却并没有得到提高。这是因为孩子的心并没有在学习上，甚至因为父母的督促和打骂而产生厌学的情绪。

鹏鹏是一个 10 岁的孩子。他活泼可爱，精力旺盛，下课后经常和同学们在操场上踢足球。周末的时候，鹏鹏把绝大部分时间也花在玩上，不是和小伙伴们约着一起去踢球，就是在家里看电视、玩游戏。

本来鹏鹏的父母也不太管教孩子，认为孩子贪玩并不是大问题，只要按时完成作业就可以了。可是最近，爸爸发现鹏鹏的学习成绩有些下降，便特意给孩子安排了一些家庭作业，希望他能好好努力，尽快把学习成绩搞上去。

这下鹏鹏不乐意了。他不满地说："爸爸，老师留的家庭作业已经够多了，您为什么还要增加我的负担呢？再说了，我已经参加了学校组织的'特会玩'，

哪有那么多精力啊！"

爸爸一听鹏鹏的话，便严肃地说："参加什么'特会玩'？你不把学习成绩搞上去，就不要再想着玩了！"

谁知鹏鹏不服气地说："学校都鼓励我们多参加课外活动，让我们多学习手工制作、踢毽子、玩球等，您为什么非要逼着我学习呢？"

爸爸生气地骂道："你就是因为不务正业，所以影响了学习成绩。现在，学习任务这么重，你还有心思参加什么'特会玩'的活动，真是太不听话了！你必须听我的话，按照我的要求来完成学习任务……"

见爸爸的态度如此坚决，鹏鹏知道自己再怎么争辩也没有意义了，于是便打消了参加"特会玩"的念头。然而，虽然他每天放学之后都坐在房间内写作业，可却是身在心不在，总是想着玩的事情。结果一段时间之后，鹏鹏的成绩不仅没有得到提高，反而还出现了大幅度的下滑。

孩子贪玩，成绩上不去，家长确实心急。可事实表明，强制孩子学习，剥夺孩子玩耍的机会，往往是没有什么好效果的。相反，因为家长的逼迫和强制，反而让孩子产生逆反心理，更会对学习失去兴趣和主动性。

父母们还应该知道，学习不仅仅是课本知识的掌握和成绩的提高，各种生活技巧的提高、思维方式的发展也是孩子的学习内容。所以，鹏鹏的爸爸如果不是强迫孩子学习，而是告诉孩子"你可以参加这个'特会玩'活动，但必须保证成绩不能继续下降"，相信，鹏鹏不仅可以提高成绩，还可以学到课本之外的更多知识和技能。

因此，对于孩子的玩，我们不应该一味地强硬干涉，而是应该抓住孩子的心理。尤其是对于那些天生贪玩的孩子，我们更不能压抑孩子贪玩的天性，而是应该做到寓教于乐，让孩子在玩中学到他应该学到的东西。

那么，具体应该怎么做呢？

一、不强制，不剥夺，尊重和顺应孩子的贪玩天性。

某网站曾经和一家教育机构联合做过一次在线调查，结果显示：52.2%的人由于小时候不能尽情地玩，上大学之后或是成人之后出现了"反弹"，开始肆无忌惮地大玩特玩。

因此，面对孩子贪玩的天性，家长们只能积极引导，尊重孩子的天性，而不是强制他们，剥夺他们玩的机会。否则，孩子的心理发展就会受到不良影响，甚至因为父母的遏制而越来越贪玩。

二、玩也是学习的过程，家长要寓教于乐。

心理学家孙瑞雪说："我们知道动物学上有一个说法，一只猴子如果在它的童年没有足够的玩耍，它长大以后就不会成为猴王。"玩是孩子认识世界、学习知识的一种重要方式，是孩子学习和思考的重要过程。

在玩的过程中，孩子不仅可以满足自己的好奇心和探索欲，还可以有机会提升自己的各项技能。比如，在与同伴玩的时候，孩子不仅通过游戏学会了表达自己、与人交际，还学到了解决问题的方法、交换意识，提高了心理承受能力、学习能力等。

三、和孩子一起玩，让孩子在玩中学。

家长也可以和孩子一起玩，通过玩游戏的方式，把相关知识和技能教给孩子。比如，有趣的智力游戏可以培养孩子的发散性思维和创造力；识字游戏可以让孩子认识更多的生字和词语；你比我猜游戏则可以让孩子知道很多成语、歇后语。

学习在于引导，而非没完没了的催促

每一位父母都希望自己的孩子出类拔萃，学习成绩优秀，可是孩子学习态度不积极，总是磨磨蹭蹭，到底该怎么办？

绝大部分父母的选择是催促、催促、再催促，催急了就开始训斥和责骂了。然而，令人感到无奈的是，催也催了，骂也骂了，可孩子就是没有任何转变，学习的时候还是能磨蹭就磨蹭、能拖延就拖延。

陈林今年11岁了，刚上小学五年级。原本他是一个懂事、活泼的孩子，虽然在学习方面不是那么刻苦，但是还算认真。白天的时候，他能够认真听讲，回到家之后按时完成作业。

可最近一段时间，陈林的父母却发现儿子变得拖延、磨蹭起来。每天晚上放学之后，他不愿意写作业，每次都是妈妈催促好几次之后，才磨磨蹭蹭地行动；在家里一旦提起学习的事情，他就开始变得不耐烦，妈妈说多了，他就会直接发脾气回房间。

一开始，陈林的父母并没有把孩子的表现放在心里，只是以为孩子这段时间有些犯懒，只要自己多催促几次就好了。可是，妈妈发现自己越是催促他，陈林就越是不愿意学习，写作业就越是磨蹭。而且，根据老师的反映，孩子在学校也是如此，不仅上课时常常心不在焉、不认真听讲，就连完成课后作业也是故意拖延时间。

于是，陈林父母不得不请教孩子的老师，经过一番沟通，陈林的父母才知道，原来孩子是产生了厌学的情绪。当这种情绪产生之后，学习对于陈林来说就变成一个痛苦的事情。他不停地逃避学习，完成作业时表现得拖拖拉拉、磨磨蹭蹭。

这个时候，如果父母能够给予陈林积极地引导，或许孩子的厌学情绪就会慢慢地消失。可陈林的父母却选择了错误的方式，那就是不停地催促，这让孩子的内心更加烦躁，压力更加巨大。结果就是，父母越是催促，陈林就越是拖延、磨蹭；父母越是不停地批评、打骂，陈林就越是逃避学习，甚至用发脾气来发泄自己的不满和压力。

我们说，孩子在学习上拖延磨蹭是有很多原因的，而导致陈林产生这个毛病的根本原因就是厌学。想要让孩子改掉这个坏习惯，催促不是很好的方法，因为一味地催促和逼迫，只会让情况越来越糟糕，让孩子的厌学情绪越来越大。

作为家长，我们要了解孩子拖延背后的原因，积极地引导，真正帮助孩子解决问题，如此一来，孩子才能逐渐消除负面情绪，主动地爱上学习。

一、催促要适当，切不可一遍遍地催促。

鲁迅先生在《我们现在怎样做父亲》一文中曾经说过一句话："孩子的世界，与成人截然不同，倘不先行理解，一味蛮做，便大碍于孩子的发达。"

可惜的是，绝大部分家长很难做到"先行理解"四个字，如果遇到孩子不爱写作业，他们最善于做的事情就是一遍遍地催促，要不然就是没完没了地唠叨。然而，孩子总是被人催促着学习，就会变得非常被动，时间久了，他们就会彻底失去积极性和主动性。而在父母的唠叨和催促中，孩子的压力越来越大，情绪越来越烦躁，如此一来，他们又怎能心情愉快地学习呢？又怎能积极努力地思考呢？

家长要知道，催促孩子的目的是了让他自己主动学习，而不是唠叨、强迫孩子。所以，父母给予孩子适当的提醒和督促是非常必要的，但要讲究方式和方法。比如，孩子看电视的时间长了，家长就可以说："你打算什么时间去做作业？""孩子，把作业完成再看电视，是不是更好呢？"而不是说："赶紧去写作业！再不去写作业，我就揍你了！""你怎么还在看电视，和你说几遍了，快去写作业！"

　　二、不允许孩子讨价还价。

　　帮助孩子养成积极主动学习的良好习惯，并不在于每天的催促，关键是要有积极有效的引导。给孩子制定纪律和规则，不允许孩子讨价还价。一旦允许孩子讨价还价，他就会得寸进尺，更加拖拖拉拉。

　　很多家长就做得非常不错，他们会要求孩子在九点前必须完成作业，如果孩子出现拖延的行为，家长就会给予适当的惩罚；如果孩子总是能做得不错，家长也会给予及时的表扬和鼓励。

　　三、了解孩子拖延的原因。

　　虽然孩子做事随性、任性，可是他们任何行为的背后都有一定的原因。如果家长发现孩子做作业时拖拖拉拉，就应该积极找到其中的原因，而不是一味地批评、催促和教训他，否则不仅无法获得任何实质性的效果，还会不断加强孩子的厌学情绪和拖延行为。

　　越催促，孩子越拖延。不管孩子拖延学习的原因是什么，我们都应该避免过度地催促，只有积极引导孩子，激发他们的积极主动性，才是最好的办法。

劳逸结合，做到学习玩耍两不误

学习是家长们最看重的一件事情，但是很多孩子却让家长"不省心"，一抓住机会就玩个不停，把学习抛在脑后。于是，在现实生活中，我们会看到孩子和家长的斗争和博弈：

孩子想办法偷懒，趁爸爸妈妈不注意，就抓紧时间玩一会儿；而家长则巴不得孩子把大部分时间都拿来学习，在孩子耳边不停地提醒，"你快别玩了，有玩的时间还不如好好地看书、学习呢！"

在这场父子、母女的博弈中，孩子往往处于劣势。在父母的逼迫下，他们放弃了玩的权利，几乎把自己全部的时间和精力都投入学习，一个个像是上足了发条一样，恨不得利用每一分每一秒来背书、做题。

但是问题是，孩子们花费的时间越多，下的功夫越大，成绩就提高得越快吗？学习效率就越高吗？事实并非如此。长时间的学习和超负荷的思考，不仅无法获得满意的结果，还会让孩子把自己搞得疲惫不堪。

小志的学习成绩一直不错，虽然算不上班级里最优秀的，但是每次考试都可以有不错的排名。可临近期末考试的时候，老师发现小志的学习状态有些不太对劲，每天上课总是哈欠连天，精神状态非常不好，有时听着听着就开始打瞌睡，甚至直接趴在课桌上睡着了。不仅如此，小志在作业完成情况上也表现得很差，总是犯一些低级错误，有时连最简单的公式都弄混了。

发现了小志的问题，班主任把孩子叫到办公室，非常严肃地说："小志，我一直认为你是个表现不错的孩子，学习积极主动、勤奋认真。可是现在已经到期末了，正是加紧复习的时间，你怎么不在状态呢？"

小志听了老师的话，委屈地说："老师，不是我不想好好学习，只是最近我实在是太累了！"原来小志的妈妈希望孩子能够考个好成绩，在班级的排名再提前一些，于是就延长了她的学习时间。每天除了完成老师布置的作业外，妈妈还给他安排了额外的任务——做一篇考试模拟试题。因为小志的薄弱环节是英语，妈妈还给他报了英语学习加强班。每周二、周四、周六的时候，小志都要上英语培训班，完成老师布置的作业。

在这种高强度的强迫学习下，小志几乎没有了休息的时间，就更别提什么娱乐和游戏了。尤其是上英语培训班的那几天，每天晚上都是十一点半之后才能上床睡觉。所以，他最近白天总是没有精神，还因为过度疲劳而一直打瞌睡，无法集中注意力。

得知小志的情况之后，班主任找到了小志的妈妈，决定和她好好地谈一谈。在谈话的过程中，班主任对小志妈妈说，这种长时间让孩子学习的做法是不对的。虽然每个家长都希望孩子能够好好学习，提高学习成绩，但是强迫孩子长时间地学习，不仅无法让孩子提高成绩，还会让孩子很辛苦，甚至是疲惫不堪。

好在小志妈妈听进去了班主任的建议，让孩子恢复了正常的作息习惯，取消了额外的家庭作业。同时，小志妈妈还让孩子注意劳逸结合，给孩子安排了一小时的娱乐时间，或是听音乐，或是看电视，任孩子自己选择。经过一段时间后，小志的学习状态果然变好了，在期末考试中也取得了优异的成绩。

生活中，很多家长都会催促孩子"快点儿去学习，不要总是玩了"，但很少听到家长对孩子说："别老学习了，快来休息、放松一下吧！"然而，我们不得不承认，与学习相比，游戏和娱乐对于孩子来说也是至关重要的。只有休息好了，娱乐好了，孩子才能更好地学习。一旦孩子只会学习，或是长时间地学习，忽视了劳逸结合，那么学习也是失败的。

这是因为一旦孩子不分白天黑夜地学习，他们的大脑就会开始疲惫，甚至是停止运作。再加上身体上的疲惫和心情的压抑，孩子自然就会注意力涣散，瞌睡连连，学习效率低下。这不仅是学习方式的问题，更是合理利用时间的问题。

因此，家长要合理安排孩子的学习时间，适当地让孩子放松一下，让孩子该学的时候好好学习，该玩的时候好好地玩。

多与老师沟通，帮助孩子消除与老师的隔阂

孩子的思想感情还不成熟，做事情很容易受到情绪的影响，很多孩子都是因为老师的缘故而对某个学科特别喜欢或者特别讨厌。孩子这样做事情通常都是从自己的主观愿望出发，而不去考虑其他方面的因素，需要父母正确及时地引导。如果父母不给予正确的引导，就可能促使孩子对老师的误解越来越深。

心理学认为，每一个人都有自我实现的本能。智慧的老师总是喜欢让学生表现出自己的才能。然而学生不一定能够理解老师的良苦用心，而是从自己的主观愿望出发。

晓飞是一名小学生，学习成绩总体还是不错的，只是有些偏科，数学成绩差一点儿。期中考试成绩出来后，李晓飞的父母对他的数学成绩感到很不满意。于是晓飞就对父母诉苦，说数学老师讲课如何如何不好，老师在上课时几乎没怎么提问过自己。每到上数学课，晓飞就感觉老师偏心，总是提问那些数学成绩好的同学，于是就对数学提不起兴趣，无法集中精力认真听讲。

父母听后认为孩子学不好数学是因为数学老师偏心，于是在孩子面前说了很多数学老师的坏话，甚至扬言要去校长那里告数学老师的状。有了父母

撑腰，晓飞就更不愿意学数学了。每当上数学课的时候，晓飞总是偷偷地做一些与数学无关的题目。几次考试下来，他的数学成绩更加糟糕了。

孩子随着年龄的增长，想法越来越多。如果他们在学习上或其他方面没有达到预定的目标，就会寻找各式各样的借口来推卸责任。他们最多的借口是"老师不喜欢我""老师偏心"或者"老师讲课没水平"，等等。

当学生对老师产生误解时，家长就成为主要的引导者。如果家长只是听从学生的主观愿望，就会给老师和孩子之间设置障碍，这样对老师和孩子都不利。

就我国目前的教育普及情况而言，父母不可能让孩子各科都配备最好的老师，有些老师自身素质不高，有缺点和不足是难免的，家长要引导孩子去接受老师，积极地和老师配合。

很多家长往往缺少冷静、清醒的认识，经常在孩子面前说老师的坏话。这种做法不仅在业务上否定了老师，同时也在感情上伤害了老师，自然难以在孩子心目中树立起老师的良好形象。孩子很容易因为父母对老师不负责任的评价而对学校或老师产生某种歧视，进而在学习中无法深入下去，最终导致教育的失败。

不可否认，孩子需要独立自主和大胆质疑的精神，然而在求学的特定阶段，同样需要对教育者的崇拜，只有孩子崇拜老师，才能充分地将老师传授的知识吸收，并且将其化为己用。

也许有的老师对待不同的孩子有不同的态度，但这是极个别现象，也有可能是孩子自己的疑心所致。所以父母千万不要随着孩子的主观意愿附和，要正确、理性地判断，最后正确地引导孩子。要知道，孩子一旦厌恶老师，厌学情绪便随之而来。

对于孩子认为"老师不喜欢我"的问题，父母应该做好孩子的参谋。孩子在学校里会遇到各种各样的问题，尤其是孩子对老师产生误会时，父母要做好参谋，让孩子把在学校里遇到的各种困难都能敞开心扉讲出来，然后帮孩子认真分析。父母应该做耐心细致的了解和引导工作，而不是跟着孩子一起说老师的不是。

　　王月波是小学生。一次上课，王月波无意识地转动圆珠笔，不小心把笔掉在了地上。他弯下腰去捡笔，无意中又把铅笔盒碰掉了。铅笔盒摔在地上发出很大的响声。老师批评王月波不认真听讲，让他写检查保证以后不再犯同样的错误。回家后，王月波就向父亲抱怨："我碰掉铅笔盒又不是故意的，为什么老师对我这样严厉？"

　　他的父亲听到孩子抱怨，教育孩子说："学校是学生学习知识、增长学问的地方，在课堂上，每一个学生都必须严格要求自己，否则正常的课堂教学秩序就难以维持。老师的分内职责不仅仅是教书，还有育人，老师对你严格要求，充分说明老师爱你啊。"

　　见孩子半信半疑，父亲接着说道："俗话说得好，'严师出高徒'，但凡是有所成就的人多成长于老师严格要求的环境下，他们终生难以忘怀老师对自己的谆谆教诲。如果学生在上课时不认真听讲，老师却装作没看见；让学生背诵课文，学生没背过，老师也不批评；作业做错了，老师也不指正……长此以往，学生会取得好成绩吗？若干年后，当这些学生走上社会，有了自己的工作，再回忆起学生时代的学习时，他们肯定会说：'要是当时老师再严格要求我一点该有多好啊。'现在来看你讲的情况。听课时玩东西，并且打翻东西扰乱课堂秩序，这是你的不对。难道老师批评你几句错了吗？如果班上所有同学都像你今天这样，那你们还哪来的心思听课呢？上课除听讲写字外不做任何其他无关动作，这是学生的本分。通过检查你会认识到错在哪里，进而将这些坏习惯摒弃。希望你好好地想一想，做一个遵守纪律的好孩子。"

　　父母应该正确地对待老师对孩子的批评，并且引导孩子正确地对待和诚恳地接受老师的批评。通过父母的正确引导，孩子才能真正跻身好学生的行列，做一个品学兼优的好学生。

父母有意识地维护老师的形象，既是对老师尊重，更是对自己的孩子负责。所以父母一定不要随意在孩子面前说老师的不是，要帮助孩子客观地分析情况，要在孩子心目中树立起老师的良好形象。

还有，父母应该鼓励孩子主动找老师交流。如果孩子在学校里对老师产生了误会，必然会反映在情绪上。父母可以通过对孩子情绪变化的观察发现孩子心里的困惑。父母可以倾听孩子心里的想法，然后鼓励孩子主动去跟老师交流，通过跟老师面对面的对话，可以让孩子消除自己的疑虑。这也是解决孩子对老师产生误解的一种好方法。

同时，父母应该和孩子共同努力和老师做更多的沟通，可以加深双方的信任和了解，这既有利于老师今后开展教学工作，更有利于孩子的学业进步。

必须强调的是，父母一定要帮助孩子树立健康向上的心态。对于孩子认为老师对自己有偏见这事，父母大可不必伤神。父母应该引导孩子，老师喜不喜欢你不是关键，不要将过多的精力全集中在这上面，抓好学习才是重中之重。要知道，不同的老师可能会喜欢不同的孩子，就像你有你的性格，别人有别人的性格一样，每个人都是独特的，在不伤害他人的前提下，不用过于在意或必须为此去改变什么。

父母还可以告诉孩子，要想受到别人喜爱，需要孩子自己努力。孩子在家里得到父母的疼爱，慢慢会形成以自我为中心的习惯。入学以后，孩子很多，老师不可能对每个学生都照顾得无微不至，孩子有失落感也是正常的。父母要引导孩子多和老师接触，做事做人都要起好的表率，这样老师不喜欢你都很难。

孩子会因为这种阳光的心态终身受益。当然，要是问题真的出在老师那里，也不能委屈孩子。但父母一定要小心地对待，艺术地处理。

肯定孩子的好奇心，培养孩子的求知欲

爱因斯坦说过："对于一切来说，只有热爱才是最好的老师。"因为热爱，才会产生兴趣，才会产生好奇心和求知欲，才会将被动学习转化为主动学习。主动学习和被动学习这二者之间的区别很大，产生的学习效果也有很大差别。在主动学习的过程中，孩子的注意力会高度集中，思维更敏捷，潜在的能力会被调动起来，因此学习效果会更好，成绩会更明显。因此，保护好孩子的好奇心和求知欲是维护孩子学习热情、引导孩子主动学习的最好方式。

九岁的孩子阿城，最近有些变化。以前他一放学就会拿出作业本专心致志地写作业，而现在他一放学就会跑去图书馆，抱回很多书籍，一边看书一边写作业。

阿城的父母有些疑惑。阿城的爸爸趁孩子不注意的时候，悄悄地看了一眼孩子的本子。"我的昨天与今天"——阿城的本子上赫然写着这几个字。爸爸有些哭笑不得，一个九岁的孩子竟然写出了这样的题目。于是，阿城爸爸决定和阿城沟通一下：

"阿城，我能不能了解一下，你现在在做什么？"

"可以的，我正在准备写本书，书名我都想好了——《我的昨天与今天》。"

阿城答道。

果然不出阿城爸爸所料。阿城爸爸觉得这样的题目有些大，一个九岁的孩子哪有那么多故事呀，恐怕连大学校园里的博士也不一定敢用这样的口气。于是，爸爸想表示否定，准备阻止阿城做这件事情。但否定的话语已经到了嘴边，又被阿城爸爸生生咽了回去。

"好的，我觉得很好，爸爸有个请求，希望等你大功告成的时候，我有幸能做第一个读者，可以吗？"一百八十度大转弯，连阿城爸爸自己都有些惊讶了。

过了两个月，阿城的大作完成了，是一本 200 多页的小册子。这里面写得五花八门、热热闹闹的：从婴儿时期，阿城还只是一个细胞起，到独立行走，到牙牙学语，再到第一次和小朋友握手、第一次去幼儿园、第一次和小朋友吵架、第一次给妈妈端水、第一次上小学……最后，书后面还列出了参考书。阿城的爸爸有些吃惊："这是我的孩子写出来的吗？太神奇了吧。"

看着九岁的孩子兴致勃勃地完成了自己的大作，阿城爸爸意识到自己最初的决定是对的，不管结局如何，首先，保护孩子的好奇心和求知欲的初衷是非常准确的。阿城爸爸在心里悄悄地为自己点了一个赞。

由此可见，教育不应该只是让孩子学习课本上的知识，而应该更多地关注孩子的心理。对于孩子的好奇心和求知欲，家长应小心保护。孩子养成一种良好的学习习惯不容易，而且对孩子而言可以说是终身受益。任何一位成功者都需要有一份纯粹的热情，如果没有了好奇心，那么，无数个苹果落地也砸不出万有引力定律来。

保护孩子的好奇心和求知欲应从生活的点滴做起：

一、孩子爱问为什么是一个好现象，家长要鼓励。

孩子们的好奇心很重，到了一定年龄之后总是喜欢问为什么。这是孩子爱动脑、勤思考的表现，是一个非常好的现象。作为家长，一定要给予孩子鼓励和表扬，不要因为嫌烦就斥责孩子，否则，孩子还以为问问题是错误的行为，会本能地减少提问，进而减少对于外界的好奇心。

二、尽量回答孩子的问题。

对于孩子提出的铺天盖地的问题，很多家长都会觉得有些招架不住。对此，家长们一定要认真对待，不可乱说，实在不会的可以通过资料查找到正确的答案。如果家长们确实无法回答，可以让孩子自己去寻找答案。孩子从提问到寻找答案的过程同样可以促进孩子的求知欲培养。

三、不要让孩子看到你对提问的负面情绪。

妈妈正忙着洗碗，孩子跑了过来，问道："妈妈，为什么我不能变成怪兽？"对于这个孩子问了一个晚上的问题，妈妈终于发脾气了，"有完没完，再问我这个问题，我就生气了。"孩子惊恐地看着已经生气的妈妈，"难道妈妈不喜欢我问问题？"

类似这种场景生活中随处可见，孩子们天真的问题时常搞得家长不知该怎样回答，最后恼羞成怒，粗暴地让孩子闭上嘴巴。家长这种行为，会大大削减孩子的好奇心和求知欲。对于这一点，家长一定要引起重视，不要因为回答不上来，伤了做家长的面子，就粗暴地制止孩子提问的行为，剥夺孩子提问的权利。

每个孩子都是带着一颗好奇心来到这世界上的，他们像一个个探险家，企图了解、探知他们不知道的神秘世界。因为有了这种原始的、本能的好奇心和求知欲，人类才能不断进步，社会才能不断前进。好奇心是孩子们渴望获得更多知识的动力，是孩子们不畏艰辛探索更高领域的勇气支撑，是孩子们快速成才的先天优势。因此，家长们一定要小心保护好孩子的好奇心与求知欲。

读书要有技巧，不能抱住死读

雨果说:"书籍是改造灵魂的工具。人类所需要的,是富有知识的养料。"好的书籍能带给人们珍贵的知识，让一个贫穷的孩子成长为一个拥有巨额财富的成功人士。为此，鲁迅先生把别人喝咖啡的时间都用来读书了。书籍让鲁迅先生成为一代文豪。然而，这并不意味着所有肯读书的孩子都能获得成功。读书也需要技巧，不能读死书，要学以致用，这才是读书的真正目的。

语文课是小明最喜欢上的课。语文老师不仅幽默风趣，还博古通今，喜欢旁征博引。因此小明特别喜欢他的语文老师，喜欢上语文课。每天只要是上语文课，小明总是神采奕奕的。

有一天，小明终于忍不住了，就问老师:"老师，怎样才能像你一样博古通今呢？"语文老师笑了笑说:"只要你能多读书，和书籍做朋友，那么很快你就会超过老师的。"

从此，小明便开始疯狂地读书。可是经过一段时间之后，小明却发现自己还是不能旁征博引。很多名词典故，虽然已经阅读过了，可是真到用的时候就不知道如何引用了。于是，小明又找到语文老师问道："老师，为什么我读了很多书，还是不能引经据典呢？其实很多经典我也知道，为什么我就不会引用呢？"

老师说道："小明，你不能为了读书而读书，读书的目的是了利用书中的知识。因此，在读书的时候，你要用心领悟书中的真谛，要尝试着结合实际生活。老师以前一直都很自卑，因为觉得自己不够聪明，很多知识看几遍也记不下来，直到有一天我听到了这样一个故事，才改变了自己。"说到这里，老师决定将自己的小秘密告诉小明。

原来，老师小的时候也读了很多书，为了能够记住书中的知识，老师一遍又一遍地背诵，可就是背不下来。忽然有一天，老师在书上看到了这样一个故事。故事说，一只小牛不会耕地，为了不被主人惩罚，它找来了很多相关书籍一遍又一遍地阅读，可它还是不会耕地。直到有一天，隔壁的老黄牛提醒它："嘿，小家伙不要死读书呀，那样你永远也学不会耕地。要一边尝试着耕地，一边看书，这样一来二去，有两次就会耕地了。"小牛听完之后，按照老黄牛的方法尝试了一下，没想到只做一遍就会耕地了。小牛忍不住感叹道："原来耕地这么简单。"

小明听完老师的讲述后，立即明白了故事的含义。的确，书籍上的知识再丰富，如果不能学以致用，读再多的书又有什么用呢？

对于孩子来说，多读书是增长知识的主要途径。在这个知识高速更新的时代，孩子们更要每天读书，充实自己，这样才不会被时代淘汰。当然，读书的时候还是要讲究方式方法的。

一、边读边结合实际。

学以致用，学无定律，用无定法，边学边用，虚实结合。

二、认真思考，将现实中的问题回归书籍。

世间的很多问题已经反反复复存在了几千年。纵观古今，已经有很多仁人志士在书籍中总结出了标准答案。我们要做的就是将现实中的问题回归书籍，寻找最准确的答案。事实上，读书是最简单的事情，学以致用才是最难的部分，能够将自己所学的知识灵活运用到实践中才是真的学问。

第六章

注意减压，别让孩子背负太沉重的东西

别让分数成为压垮孩子内心的稻草

一位老师曾经在微博上贴出自己的学生在试卷上的留言：老师，给个及格分吧，及格好过年，求您了！还有的小学生在卷首写上这样的话：希望老师能够活到（ ）岁！——括号的位置就是老师判分数的位置。

这看起来让人发笑，感慨现在的孩子实在是太会要宝了！笑过之后，我们是不是也应该反省这样一个问题：这些孩子为什么会如此留言呢？其实，根源就在于现在的家长实在是太看重分数了。一旦孩子期末成绩不佳，那就真的过不好年了！

很多家长简直把分数看成是衡量孩子的唯一标准，一旦孩子在考试中获得了高分，家长就万分高兴，不仅给予孩子表扬和夸奖，还会到处炫耀和显摆；可一旦孩子没有取得好的成绩，家长就会立即换一副面孔，不是训斥孩子不争气，就是批评孩子不努力，有的甚至会劈头盖脸地打骂孩子一通。

在这样的家庭教育下，孩子背负着沉重的学业负担和极大的精神压力。结果，分数不仅没有提高，反而越来越低。

亮亮平时学习成绩不错，表现也挺好的，可遗憾的是，每次考试成绩都非常不理想，分数始终在及格线附近徘徊。

原来，每次考试前，他的精神都异常紧张，生怕自己考不好，生怕分数不理想。可他越是紧张，越是如临大敌，考试的时候就越难以发挥正常水平，平时已经掌握的知识记不住了，平时能轻松解决的问题也找不到思路了。

事实上，亮亮之所以这样神经质，一部分是因为他容易紧张，但更大的原因是来自父母的压力。亮亮的父母非常看重分数，每次考试前都在孩子耳边唠叨："你可要考个高分啊！""我们同事家的孩子都是班级的前几名，你可不要给我们丢脸啊！""这一次如果你再考不好，就不要再回家了！"一旦亮亮的分数低了，他的父母就会严厉地批评他，指责他不好好学习，甚至好长时间不搭理他。

所以，亮亮也非常在意分数，每次考试之前都紧张得无以复加，生怕自己考不好。在他看来，分数是最重要的东西了，只有自己考了高分，父母才能爱自己，才能给予自己笑脸和温暖。

可令他伤心的是，自己越在乎就越事与愿违，越紧张成绩就越不好，好像陷入了恶性循环一样。

对于孩子来说，分数是很重要的。这是考核他们是否有所成的一个标准。但是分数却并不代表一切，一旦家长过多地在乎孩子的分数，就会陷入一个教育误区，把孩子培养成一个只知道学习、高分低能的考试机器。

我们应该明白，抱怨和强迫只能让孩子厌学，让孩子越来越怕考试和学习。只有积极地引导孩子，给予孩子鼓励和支持，看到孩子的进步和努力，才能让孩子改变自己，获得更好的成绩。

伟伟和亮亮非常相似，平时成绩也不错。可有一次期中考试，他竟然考了全班倒数第五名。

这让伟伟的妈妈感到异常生气，狠狠地"教训"了他一番。妈妈一边教训伟伟，一边气急败坏地骂道："你怎么这么笨啊！看看你的成绩，我简直替你丢脸！""之前复习的时候，你不是都掌握这些知识点了吗？为什么还表现得如此糟糕？"

面对妈妈的责骂，伟伟感到非常反感和害怕，甚至产生了逃学的想法。接下来的几天，不论妈妈怎么说，他都不愿意再去上学，甚至还装病逃避。

这时伟伟妈妈才意识到问题的严重性，不再太看重分数，也不再肆意地打骂孩子。后来的一次考试，伟伟表现得还是不算好，却比之前进步了很多。当伟伟提心吊胆地把成绩单交给妈妈的时候，妈妈并没有发火，而是温和、轻松地说："伟伟，你告诉妈妈，你之前认真复习了吗？考试时有没有马虎？"

伟伟小心翼翼地看着妈妈，说道："我真的努力了，而且也认真答题了，可是还是考砸了！"

听了孩子的话，妈妈笑着说："只要你认真努力了，妈妈就不会怪你的！而且，你看，你比之前进步了很多，这是一个很好的征兆！我相信，只要你继续努力，肯定会有很大的进步。"

伟伟没有想到妈妈不仅没有责骂自己，反而给予自己肯定和鼓励，立即高兴地点了点头，说："妈妈，我一定更努力，争取下次考个好成绩！"

有了妈妈的鼓励，接下来的日子里，伟伟明显自信和积极了很多，在期末考试的时候，竟然进入了全班前十名。

亮亮和伟伟处于同样的情况，可是他们的家长却采取了不同的方式，结果当然也是截然相反的。很多时候，不是孩子学习不好，而是父母不会引导。想要孩子好好学习，提高成绩，父母就应该放松心态，不要太看重分数，更不要因为分数而为难孩子！

更何况，家长只看重分数，不断地给孩子施加压力，不关心孩子，不体谅孩子，孩子又怎能爱上学习？又怎能获得信心和动力，从而积极主动地努力呢？

约束要有度，男孩需要适当的"纵容"

一般人认为，孩子那些任性的个性，大多是由父母过度纵容造成的。然而，纵容并非全是坏事，有时候，父母给孩子合理的"纵容"，反而有利于孩子健康成长，对孩子有积极的意义。

在教育子女的过程中，父母为了便于管理孩子，难免会给孩子提出一些过分的规定和要求，其目的是孩子的安全、健康成长。为了维护一定的家庭秩序，有些父母经常给孩子设置很多的"不许"和"不能"。比如"男孩子不许哭""不洗手不能吃饭"等等，条条框框可谓数不胜数。

无规矩不成方圆，父母对孩子的适度约束是必要的。但是值得父母们注意的是，约束也要把握好"度"。特事特办，特殊时期规矩也可以跟着放宽，适当地迁就甚至"纵容"孩子。

张磊以前是个动手能力很强的孩子，因为有点淘气，经常一不小心就把家具碰翻，或是把碗打碎，父母觉得张磊总是给自己惹麻烦，于是经常在张磊耳边说："慢点，拿稳了。"唯恐张磊又把东西摔了。

张磊走路向来是连跑带跳，所以难免有摔倒的时候，父母总是用充满忧郁的眼神对张磊说："你慢点走不行啊，谁赶你啊？"就这样，父母总在张磊耳边唠叨，就怕淘气的张磊给自己"闯祸"。

可惜的是，几年后，张磊的父母发现他的性子越来越磨蹭了，也不知道是不是故意的。早上叫他起来上学，从七点叫到七点半，等母亲来到他的房间时，张磊居然还在赖床。母亲气得把他的被子掀开，张磊这才不紧不慢地穿衣。母亲不停地喊道："快点，快点，快要迟到了。"但是张磊还是慢慢悠悠地喝豆奶，好像一点都不急。有次气得母亲给了他一巴掌，张磊居然还对着母亲翻白眼。

放学回来后，张磊不停地去喝水，上厕所，好像没有心思做作业。母亲要他快点做，他就说："我在思考题目，催什么催？"父母发现张磊越来越不听话了，他们感到这个孩子真不让人省心。

孩子犯错是正常的，孩子就是在犯错中逐渐长大的。面对孩子犯下的错误，如果一味责怪孩子，会让孩子变得畏首畏尾，丧失他原本具有的灵性。孩子面对沉重的学习压力和让人压抑的学习氛围，他们总期望通过其他办法缓解一下内心的焦虑和紧张。例如，在做作业的过程中，通过上厕所让大脑得到休息，调整一下情绪，这都是缓解压力的好办法；早上在床上多躺一会儿，而不是立即起床，有利于保证睡眠质量，这也是为了应付全天的学习而做的准备。

孩子的每一个行为都有他的目的和意图，父母不能主观地认为孩子这样做不对，那样做不对，然后严厉制止孩子，而应该给孩子适度的"纵容"，让孩子将这一行为进行到底，然后观察孩子的最终目的。这样才能更好地读懂孩子的心，也更容易让父母取得孩子的信任。

涛涛特别淘气，父母给他买的玩具几乎都被他拆开过。有一次，涛涛拆了一辆父亲给他买的价值不菲的玩具车，父亲发现后不仅没有责备他，反而表扬了他。得到父亲表扬后的涛涛显得非常开心，父亲借此机会给涛涛讲了一下杠杆原理，涛涛也对此产生了浓厚的兴趣。接着涛涛在父亲的指导下，重新组装了被自己拆掉的玩具车，组装之后的玩具车和新买回来的没什么两样，性能还是一样好。涛涛也为此感到特别兴奋，父亲又说："我有一个这么棒的儿子，他都能组装汽车了。"

涛涛还是一如既往地痴迷着拆东西。但不同以往的是，现在他又增加了一个新的兴趣爱好——把拆掉的东西再重新组装好。如果组装后的东西还像之前一样能使用，他就会跑到父亲面前"邀功"，父亲当然会继续表扬他；如果组装后不能继续使用，他就会反复拆装，直到能用为止。当然，他也有搞不定的时候，这时他只能求助父亲，在父亲指导重装后如果还不能使用的话，父亲也不会借此来责罚涛涛。

父亲还经常鼓励涛涛尝试新鲜事物，对于不明白的东西一定要一探究竟。涛涛的兴趣日复一日地陪伴着他，初中时他会修收音机，高中的时候他已经可以搞定电视机了。如果邻居家的电脑坏了，他也会积极帮忙，很受大家欢迎。

大多数情况下，孩子的破坏行为是受好奇心驱使的。比如，玩具汽车是在什么原理下被驱动的呢？汽车的内部究竟是什么样子的呢？各种新奇的想法驱使着孩子们一探究竟。

喜欢动手尝试或无意的破坏行为并不是十恶不赦的缺点，关键在于父母如何看待孩子的这一行为。如果父母把关注点放在被损坏的物品上，可能就会很生气。如果父母粗暴地制止孩子，使孩子无法得到相应的满足，孩子就会产生失落感，面对父母的粗暴语气和表情，孩子还会失去安全感。如果父母看到了孩子行为背后的求知欲望，适当鼓励孩子多动手尝试，那么就可以增加孩子发现新事物的机会。

所以，当你的小孩在雨天玩耍，上树掏鸟窝的时候，千万不要阻止他。请不要担心泥巴会弄脏了他的手和衣服，因为他只有在尽情玩耍的时候才能找到自己的兴趣所在。不要让他长时间沉浸在沉重的学习氛围中，多给他一些自由支配的时间，长大后，他会感谢你给了他一个自由快乐的童年。

"笨蛋"这个词会深深地刺痛孩子

在生活中，有些妈妈特别迷信智商，动不动就抱怨孩子脑子太笨。比如，孩子有一道题不会做，妈妈可能说："你看看，真是笨蛋，这么简单的题目都不会。"还有一些话如："你就是烂泥扶不上墙，我对你没什么指望了。""你真是笨得像一头猪。"这些话都会被孩子牢牢地记在心里。当他们失败的时候，他们会想："我真的很笨呀！""唉，我还真是没用！"长此以往就会把孩子的自信心和自尊心消磨殆尽。

另外，妈妈抱怨孩子笨，对孩子的自尊心也是一种伤害。很多时候，一些妈妈没有意识到这点，还经常在大庭广众之下，在其他妈妈面前这样抱怨孩子。如果这时候你注意一下孩子的表情，相信那一定是充满失落感的，如果孩子嬉皮笑脸，那说明他对妈妈这样的抱怨已经习惯了。

扬扬从学校回来，妈妈问他考了多少分。

扬扬从书包里掏出试卷，妈妈一看说："60分？才考这么一点，真是笨蛋！"

妈妈接着说："想当年爸爸妈妈都很聪明，考试从来没有低于90分，你怎么就这么笨呢？"

生活中，很多妈妈喜欢这样抱怨孩子。这些话会打击孩子的自信心，给孩子增加失落感，也会让孩子认为自己真的很笨。当他考试成绩糟糕的时候，他会认为那是理所当然的"爸爸妈妈说我很笨，说我不是读书的料。"于是，他们就随波逐流，说我是什么我就是什么，反正我已经这么笨了，干脆笨到底算了。

这并非危言耸听，事情就是这样，如果妈妈总是给孩子戴上"笨蛋"的帽子，孩子在不知不觉中就会做出与之相符的行为。尽管妈妈对孩子的评价并不一定准确、合理，有时甚至是完全错误的，但长期这么说，孩子很可能真的成为笨蛋。这种话语对年幼的孩子危害最大。

社会心理学认为，每个人的自我形象，在一定程度上取决于他人对自己的评价，即通过"别人如何看我"的方式来形成。一旦给孩子塑造了坏的自我形象，孩子就会受到形象的制约。所谓谎言说一万遍就是真理，"说孩子笨，孩子就越笨"的心理就是这么产生的。

孩子没有好成绩并不能代表孩子的智商低或是将来没出息。斯坦丁博士曾对733位百万富翁做过调查，从他们成功的案例中提取出最多的30项，没想到"学习成绩"因素居然排在最末。

爱因斯坦9岁时还说不清楚话，不仅成绩平平、动作缓慢，而且大家都不喜欢他，他像是活在自己的世界里一样。父亲总是拿一个罗盘给这个显得极为平静的儿子解闷。正是这个罗盘，激发了这位科学巨匠的兴趣，爱因斯坦因此产生了好奇心，让他在科学领域做出了巨大的贡献。

如果没有爸爸的肯定和培养，爱因斯坦或许不会在科学领域做出如此巨大的成就。如今，有些孩子可能在学校或考试中的表现并不出色，但他们或许在其他方面有过人的才能，只要父母相信孩子，肯定孩子，而不是抱怨孩子脑子笨，孩子就有可能将自己的潜能发挥出来。试着将抱怨孩子的话换作肯定孩子的话，给孩子恰当的期望和赏识，孩子一定会变得更优秀。

"我的脸全都让你丢尽了"，这句话最能摧毁孩子的自信

孩子需要赞赏，就像幼苗需要阳光和氧气一样。特别是当孩子面对不顺心的事情时，妈妈的鼓励和安慰更能给孩子勇气和自信。所以家长要多给孩子鼓励，多给孩子支持，不要轻易数落孩子。在孩子遭遇困难时，要调动他们的勇气和信心，引导他们想办法解决问题。

小白是个运动神经不怎么发达的孩子。一天，学校要进行百米竞赛，小白输得很惨，在同学们的讥笑声中，小白哭着跑回家！

妈妈看着小白红红的眼睛，关切地问道："小白，怎么了？"

"妈妈，我今天又跑倒数第一了！"小白红着鼻子说道。

"我儿子这么好的体型怎么会跑倒数第一呢？"妈妈眼中满是对儿子的赞赏。她停顿了一下，神秘地问道："你想跑快吗？"

"当然想了！"小白大声叫道。

"那我们以后每天早上起来跑步，你说好吗？"妈妈建议道。

小白为了不再让同学们笑话，于是坚定地点头说："好！"

第二天，母子俩一大早就出去跑步。刚开始的时候，小白还是放不开，因为他一直觉得自己的腿不够修长。

妈妈发现了小白的拘束之后，边跑边说："你的腿那么修长，其实只要试着把步子迈开一点，速度就能加快很多！"

"真的吗，妈妈，我的腿很长吗？我一直都以为自己跑不快是因为我的腿不够长呢！"小白说完，哽了哽嘴。

"当然了！我们小白的小腿长长的，最适合跑步呢！"妈妈笑着鼓励道。

小白听了吗妈妈的话，迈起步子来也觉得轻快多了。

虽然累得满身是汗水，妈妈还是笑着鼓励道："小白，就这样，快速地奔跑，把跑步当成一种享受！就像是要飞起来一样，只要慢慢坚持着，你一定能跑出好成绩！"

听着妈妈的鼓励，小白心中的顾虑越来越淡。

就这样，小白一直坚持着，一个月、两个月、半年过去了，学校再次举行百米竞赛时，小白在同学们的惊讶声中，成为第一个越过终点线的人。

平时叽叽喳喳、活蹦乱跳的孩子，一旦有了烦恼，便会表现出苦闷和失落。这时候，鼓励和赏识对孩子来说才是最重要的，尤其是来自妈妈的赏识和鼓励。作为家长，不要偏执地认为，挫折和苦恼正好是给孩子泼了一盆凉水，能让孩子冷静和反思。相反，我们应该关注孩子的情绪，多与孩子沟通，并适时地给孩子一点儿鼓励和赏识。

对孩子要多鼓励，多支持，同时我们还要对孩子少责备，少数落。有的家长一看见孩子不及格的试卷就大声数落："你真是个没有救的孩子，你的脑袋是石头做的吗？这么简单的题都不会做，我的脸面都要被你丢尽了……"诸如此类的话很多很多。

孩子也是有自尊心的，在这样的数落之后，孩子容易自暴自弃，不但不能积极改正自己的毛病，还会变得沉默寡言，不再与妈妈交流。这样孩子与妈妈的隔阂就会日益加深，直到没有回旋的余地。妈妈面对孩子的表现也会越来越失望，并且表现出更多的无奈和不满。

有位教育心理学家曾说过：一个在妈妈的责备与数落中成长的孩子，会认为"反正做什么都得不到妈妈的认可"，久而久之，就会失去激情和愿望，变得消极而怪僻。相反，一个在妈妈赞赏之下成长的孩子，就积极得多，也开朗得多。

比如，在孩子成绩不及格的时候，妈妈不应该只批评孩子，而应该帮孩子找出原因，帮孩子多多分析。你可以说："孩子，妈妈觉得以你的聪明和平时的努力，至少能考 80 分。为什么会不及格呢？能告诉妈妈原因吗？妈妈或许可以帮你。"只有真正为孩子着想了，孩子才能体会到妈妈的爱心与鼓励，才会试着提高自己的能力。

因此，妈妈要经常给予孩子帮助与支持，有了进步就嘉奖，遇到挫折了则要引导孩子，不断培养孩子的自信心与进取心，营造良好的学习心态与生活习惯。

不要害怕孩子的"破坏性"行为

每个男孩子在成长过程中都难免出现很多破坏性行为，比如拆掉新买的小汽车，在墙上乱涂乱画，把妈妈的化妆品弄得满地都是，故意把瓶子里的水倒掉……

孩子的这些破坏行为，对于孩子的成长来说，并不完全是坏事。我们可能会发现这样的现象，越是漂亮的东西，孩子就越想要破坏；越是新奇、独特的东西，孩子就越想要拆掉。这是因为孩子具有强烈的好奇心，急切地想要知道这些漂亮、新奇的东西究竟是怎样发声、发亮和运动的。

作为父母，我们要能够把目光放在孩子的好奇心和探索欲上，给孩子一点儿"破坏"的自由，并且正确引导孩子的这种破坏行为。如此一来，孩子的好奇心和想象力就能够得到进一步的发展，并且把这种破坏性的行为转化为想象力和创造力。

小刚过生日的时候，爸爸从商场给他买了一款高档的遥控汽车，汽车非常漂亮，价格也不算便宜。小刚对这个汽车非常感兴趣，拿到手之后就在客厅中玩了起来，然后把它摆在自己房间中最显眼的地方。

一天下午，小刚妈妈给他整理房间，发现遥控汽车不见了，而小刚平时玩耍的地方有一些小零件，如螺丝、轮胎、车门等。等到小刚放学之后，妈妈郑重地把他叫到身边，问道："小刚，爸爸前几天给你买的遥控汽车呢？"

小刚毫不在乎地说："不就在我的房间吗？"

妈妈忍着怒气说："在哪里？"

小刚带着妈妈走到房间，指着那些小零件说："看，不就是在这里吗？"

妈妈说："好好的小汽车怎么变成这个样子？这些就是整个小汽车的全部吗？"

小刚说："当然不是！我把汽车拆掉了，剩余的部分都在我书桌的抽屉呢……"

妈妈刚想要训斥小刚一顿，可看到小刚毫不知错的样子，不禁问道："这汽车是你爸爸刚给你买的，你不是非常喜欢嘛，为什么要把它拆掉？你今天倒是给我说说看？"

小刚知道妈妈生气了，却毫不退让地说："妈妈，你不要生气！我知道把玩具拆了，是我的不对。可是，这个遥控汽车和我之前的玩具都不一样，它的旋转速度非常快，我想知道它究竟是怎么做到的？"

见小刚这样说，妈妈知道孩子并不是故意搞破坏，而是想要知道汽车的构造和原理。于是，她的怒火已经熄灭了，只能无奈地问道："那你知道了它究竟是怎么回事了吗？"

小刚便滔滔不绝地讲起了自己的发现，虽然这些发现并不一定正确，可证明他确实经过了思考和探索。最后，妈妈摸着小刚的头说道："你的好奇心和探索精神是值得表扬的，但是我并不赞同你随便拆玩具。如果你想要知道什么东西，可以请教爸爸和妈妈，我们一起来寻找答案。如果把东西拆坏了，岂不是非常可惜？"

小刚听了妈妈的话，认识到自己的错误。而妈妈则接着说："那我们看看还能不能把汽车组装起来，好吗？"

晚上，小刚和爸爸妈妈一起拿着说明书，把小汽车组装好了。而爸爸也满足了孩子的好奇心，给他讲了齿轮、电磁感应、驱动等道理。

当然，小刚后来还会偶尔搞一些小破坏，拆掉家里的一些小东西、爸爸妈妈新买的玩具，可是从来没有做过什么过分的事情。而小刚的爸爸妈妈则积极地引导孩子，启发和保护孩子的想象力和创造力。

中学毕业那年，小刚参加了市里举办的一个青少年发明大赛，并获得了少年组的银奖。在之后的学习和生活中，小刚的思维非常活跃，创造力和想象力比一般孩子都要强。

著名的发明家爱迪生曾说过："善于创造的人，往往都具有一个奔驰的脑筋。"绝大部分孩子都是"破坏大王"，他们的破坏行为常常出自对事物的好奇与探索。

因为这个时期的孩子，自我意识迅速发展，开始按照自己的思维来认识和探索世界。可是由于认知和知识方面的缺陷，他们很难弄明白小汽车为什么会跑、玩具小狗为什么会发出叫声。为了探究这些事物，他们开始发挥自己的"破坏力"，把一件件好玩具拆得七零八落。

同时，由于孩子具有强烈的好奇心，所以他们对于很多事物都具有浓厚的兴趣，比如把妈妈的化妆品弄得满地都是。然而，他们这样做并不是故意和妈妈作对，更不知道这样会给妈妈添麻烦，只不过想要尝试一下玩化妆品的乐趣，或是模仿妈妈平时的动作而已。

所以，对于孩子的破坏行为，家长应该冷静一些，不应该简单地制止或是打骂，而是给孩子一点儿"破坏的自由"，保护好孩子对事物的好奇心与对世界的求知欲。同时，我们要给予孩子积极、正确的引导，激发孩子的好奇心和探索欲。

当然，很多孩子的破坏行为是蓄意的、过分的，甚至给其他人带来困扰，比如故意拉掉桌布，打碎碗盘，或是故意打碎别人家的玻璃等。这时候，家长应该给予一定的约束和引导，承担起为人父母的责任。

健康的人生，需要健康的生活方式

健康是人生的第一财富。对任何人来说，健康永远都是第一位的，没有了健康，就意味着失去了一切。不重视健康的人，就是在与自己的生命开玩笑。

那么，如何才能拥有健康呢？

答案非常简单，就是选择一种健康的生活方式，远离那些有损健康的活动。

洋洋是家里的独生子，深受长辈们的喜爱，过着"衣来伸手，饭来张口"的幸福生活。洋洋妈妈原以为随着孩子年龄的增长，那些不良的生活习惯会逐渐改掉。不承想，直到洋洋上了小学，这些不良的生活习惯依旧如影随形：挑食、不按时吃饭、只爱吃肯德基；不爱锻炼身体、吃饱就睡，导致严重肥胖；爱看电视、爱玩手机，年纪轻轻就带着一副近五百度的近视镜；喜欢名牌、花钱大手大脚，不懂得爱惜东西等。

对于洋洋的这一系列坏习惯，洋洋妈妈可是愁坏了。

这一天，老师布置了一项作业，要求写一篇关于"低碳生活"的作文。洋洋写得非常好，受到了老师的表扬。当孩子拿着老师表扬自己的批语让妈妈看时，洋洋妈妈意识到机会来了。于是，她说："作文写得这么好，现实中你做到了吗？明显是说得到却做不到。"洋洋被妈妈说得哑口无言。俗语说：

不蒸馒头，争口气。为了给自己争口气，洋洋决定说到做到。孩子的意志力还是很坚定的，自从开始"低碳生活"后，洋洋整个人都变了：不再吃快餐，不再出门就打车，不再看电视和手机，也开始锻炼身体了，学着勤俭……

洋洋的改变很快就得到了回报。孩子的体重逐渐下降，回到了正常体重，人也显得精神了，不再稍微运动一下就满身大汗。看着身轻如燕、活泼开朗的洋洋，妈妈开心地笑了。

在上述事例中，洋洋妈妈巧妙地说服洋洋选择了健康的生活方式，这种引导孩子的方式值得家长们学习与借鉴。作为家长，没有什么比孩子的健康更重要的事情了。为了能让孩子拥有健康，我们必须要引导孩子选择健康的生活方式。

那么，什么是健康的生活方式呢？

答案是有益身体、心灵健康的生活。例如，不喝酒，不抽烟，不熬夜，不乱发脾气，等等。健康的生活方式不仅对孩子的身体有益，同时还能加速孩子成长的步伐。

那怎样引导孩子选择健康的生活方式呢？

一、健康、良好的家庭环境。

家庭环境能影响孩子的一生。引导孩子选择健康的生活方式，必须要帮助孩子养成良好的性格。研究表明，健康和谐的家庭培养出来的孩子，心理健康、性格良好的概率普遍较高。作为家长，为孩子提供一个健康、温馨的家庭环境是其应尽的义务。

二、帮助孩子树立正确的价值观。

人生价值观直接影响到孩子的道德操守、行为举止。因此，引导孩子选择健康的生活方式与孩子的价值观密切相关。孩子的价值观取向直接决定了孩子今后的人生走向。如果一个孩子以得过且过、今朝有酒今朝醉为人生的最高追求，认为艰苦奋斗没什么意义，爽快、刺激、魔幻、缥缈才是人生价值，那他就有很大概率滑向酗酒、赌博、吸毒、斗殴的泥潭。

三、父母以身作则，选择健康的生活方式。

有的父母要求孩子选择健康的生活方式，自己却过着纸醉金迷的生活，如赌博、酗酒、打麻将等，甚至经常做一些违背道德、知法犯法的事情。这样的父母是不可能培养出有健康生活方式的孩子的。因为孩子从小就在模仿父母的行为中成长，耳濡目染，怎么可能不受父母的影响呢？如果爸爸觉得违法犯罪也没什么大不了的，那孩子也就自然而然地这么觉得。

青春期的孩子压力大，时刻注意他们的变化

青春期是一个负重时期。这个阶段的孩子进入了自我意识的第二个飞跃期，孩子身高、体重、肌肉力量及性的发育成熟所引起的各种变化都非常大，而且还会有一些身体上的"新气象"出现。比如：男生喉结发育、生殖器生长；女生乳房发育、月经来潮等。这些情况的出现会让孩子不适应，内心无法平静。

同时，这个阶段的孩子对异性充满了好奇，但是因为身体陡然发生变化，自己还没搞清楚怎么回事，甚至没有完全接纳，还处于茫然、害羞甚至恐惧的情绪状态下，担心别人看到自己的"秘密"。这个时候，孩子会本能地疏远异性，尽可能地回避和异性的交往。

一方面是身体在发生着巨大的变化，另一方面是因为自我意识地快速发展，孩子把很大一部分精力集中到自己身上，像拿着放大镜一样观察自己的体形、衣着打扮、个性特点等，一点点地不如意都会让他们很纠结、很焦虑。

妈妈收到了老师的短信，说最近程鹏上课总是走神，这次的月考成绩比以往下降了好多，让家长多关注一下孩子的情况。妈妈观察了一周，发现程鹏真的不像以前那样爱唱爱跳了，还一副心事重重的样子。妈妈问程鹏："是不是有什么心事？"程鹏支吾着不说。妈妈说："等你想跟妈妈分享了，妈妈

再听吧。不过，可不能因为这个影响心情、耽误学习啊！"

后来，程鹏告诉妈妈，前些日子，他们班的一个女孩子喜欢他，每天给他送吃的，但他不知道自己是否喜欢这个女孩，一时不知道该怎么办。后来，程鹏问了表姐，表姐出了主意，问题就解决了。

妈妈好奇地问程鹏怎么解决的。程鹏说："我送给这个女同学一支笔，然后告诉她：'谢谢你每天的零食。我们可以做朋友，是那种哥们儿一样的朋友，不可以是男女朋友。因为我们还小。'女孩儿答应了。这事儿就过去了。"妈妈觉得这件事情程鹏处理得很好，然后给程鹏讲了讲青春期的各种变化，要程鹏学会应对。

案例中的程鹏之所以顺利度过了青春期交往中的一个插曲，就是因为妈妈发现及时，自己处理得当。青春期的孩子承受着学习考试的压力，中高考在即，父母通常对学习抓得都很紧，但除了学习外，还要关注孩子的健康、情感等。孩子也经常会发愁学不好怎么办，如果父母比较要强，一定要拿自己的孩子跟别人的孩子去比，孩子的心理压力就更大了。

面对以上压力源，如果孩子不懂化解，压力达到难以承受的程度后，孩子的性格就很容易发生变化：有的孩子会变得冷漠，有的孩子会变得孤僻，有的孩子会变得自卑，有的孩子会变得焦虑，有的孩子会变得逆反，有的孩子会变得厌学，有的孩子会变得压抑，甚至走极端……不管哪种情绪困扰孩子久了，都会影响孩子的成长。

身心负重的孩子会生活得很累，也不利于他们养成良好的性格。所以，在青春期这个阶段，我们要考虑孩子的身心承受能力，不给孩子加压。压力来临，要教会孩子减压。

一、不要总是跟孩子讲大道理。

虽然孩子肩负着振兴祖国、照顾家庭的责任，但是当孩子深深知道这一点并为此努力的时候，如果我们还是在孩子面前总提这些事情的话，就会给孩子带来压力。我们绝对不可以拿自己的辛苦当作筹码来激励孩子听父母的话，按着父母的安排去努力。即使这样会带给孩子一定的学习动力，因为违背了孩子内心真正的需要，孩子的内心并不平衡，时间久了，就可能爆发出来。我们常常看到或者听到一些在各个方面发展得很不错、甚至是很优秀的孩子，突然之间做出了严重违背常理的事情，就是压力累积的结果。如果孩子每天总是板着面孔、一副心事重重很严肃的样子，而且很少有朋友，总是独自待在家里，那么，我们就要想办法带孩子放松一下。

二、消除孩子的青春期困惑。

青春期到来以后，每个孩子都是有压力的。不管是来自身体方面的还是心理方面的，我们都要及时加以疏导。最基本的疏导方式就是告诉孩子男孩儿和女孩儿身体的变化、身体器官的功能、如何很好地保健等。在孩子了解了基本知识后，还要给孩子讲一讲哪些事情可以做、哪些事情不可以做，要成为一个自爱的人。也可以带着孩子听听生理知识讲座、看人体模型或科普展览、阅读生理书籍等。

青春期孩子存在着一个矛盾，那就是身体的快速发展和心理发展的相对缓慢之间的矛盾。他们内心强烈要求独立，同时又由于心理发展的相对缓慢而保持儿童似的依赖性，孩子不断地在这样的矛盾心理状态下挣扎，反复尝试、碰撞、反省，慢慢地走向成熟。成熟之前，孩子会承受着成长压力。

所以，我们不要对孩子要求太高，要给孩子一个成长的过程，即使发现孩子有不成熟、不理智的行为，家长也不要唠叨、谴责，可以跟孩子分析分析，以促进孩子的自我认识、自我提升。

三、及时捕捉孩子的不良情绪信号。

当孩子有不良情绪的时候，我们可以通过他们的行为来观察到。比如，孩子没有朋友，每天也不开心，和大家在一起不合群，那么，孩子的内心一定是孤独的。我们要多陪陪孩子，和孩子一起玩儿，帮助孩子交一些性格比较乐观的朋友。

孩子经常说自己笨、不行，做事的过程中有力不从心、怯怯的、没有底气的感觉时，可能内心深处比较自卑。这个时候，我们要给孩子寻找机会，让其展现自己的优势和特长，逐渐地增强自信。

如果孩子受到不公正的待遇、被误解、吃了小亏的时候，他们会记恨在心，甚至寻找机会报复别人。面对这种情况，一定要及时地开导孩子，让孩子宽以待人，解放自己的内心。

第七章

良好的习惯，是人生最珍贵的礼物

晚上睡眠良好，白天才会精力旺盛

男孩子天生多动、爱玩，晚上总是不愿意去睡觉。殊不知，每天保证正常的睡眠时间是很重要的，一般成年人的睡眠时间应该为七到八个小时，孩子的睡眠时间维持在九个小时左右最佳，这样才能够维持稳定的生物钟规律，有益于身体健康。

身体是革命的本钱。对于孩子而言，没有健康的身体就没有获得幸福人生的本钱。因而，孩子们一定要养成良好的睡眠习惯。

李磊的妈妈非常重视李磊的睡眠习惯。为了能够让李磊从小养成良好的睡眠习惯，李磊妈妈可以说是亲力亲为，监督着孩子按时睡觉。按照妈妈的要求，李磊每天晚上九点必须上床睡觉，早上七点半起床，中午还要再睡上两个半小时。算下来，李磊每天的睡眠时间高达13个小时。

老人们总是说："孩子就是在睡觉的时候长身体的。"对此，李磊妈妈深信不疑。面对着孩子每天13个小时的睡眠时间，李磊妈妈认为不长，睡觉时间越长越好。直到有一天，李磊妈妈参加了一个健康培训。专家专门讲述了有关"睡眠"的相关知识，李磊妈妈才知道：睡眠时间并不是越长越好，要适度；过长或过短的睡眠时间对身体健康都是有害的。

的确如此，睡眠时间也有要求，过长或过短均有害于健康。

一般的生物医学认为，晚上十点到凌晨两点是人体新陈代谢的时间段，在这段时间里旧细胞会死去，新细胞会生成。如果睡眠时间保证不了，人们的身体无法及时修复，长此以往，就会容易衰老。除此之外，睡眠不足还有很多危害，从心理学角度讲，睡眠不足会引起人们的心理疲惫，导致情绪失控、焦虑急躁，还会引发消化不良、食欲减退、内分泌失调以及抵抗力下降等问题。因此，足够的睡眠时间是调整身体状态、维持身体健康的保障。

然而，睡眠时间并不是越长越好，过长的睡眠时间同样会危害身体健康。研究表明，人们在睡眠中，各项机体活动均处于减弱的状态，新陈代谢降低，能量消耗少，大量的垃圾堆积在身体里，非常容易引发肥胖、生物钟紊乱、内分泌失调、心脑血管等一系列问题。

由此可见，养成良好的睡眠习惯绝非易事，既不能长时间睡觉，也不能熬夜，同时还应在合适的睡眠数量中保证睡眠的质量。因此，建议孩子们应做到以下几点：

第一，早睡早起。早睡早起身体好是自然界的规律，顺应规律才能保持身体健康。

第二，睡前不宜进行激烈的运动。睡觉前做一些和缓的运动，时间不要太长，一般维持在20分钟足矣。

第三，睡前一杯牛奶能够保证睡眠质量。牛奶中含有催眠的成分，有助于使神经进入睡眠状态。

第四，睡前泡脚，有助睡眠。泡脚可以让人身体放松，精神放松。不仅如此，泡脚还能打通人体经脉，调节气血，是一项非常经济实用的保健方式。

第五，南北向睡眠。地球是一个大磁场，南北向睡眠能够顺应地球磁场，有效提高人们的睡眠质量，对治疗失眠、神经衰弱、血压不稳等慢性疾病有非常不错的疗效。

第六，枕头不宜过高。对于孩子而言，身体正处于快速发育期，枕头的高度不宜过高。特别是新生儿，可以考虑不枕枕头。

良好的睡眠对于孩子来说非常重要。研究表明，良好的睡眠不仅有益于智力发展，对情绪也有很大的影响。如果孩子没有养成良好的睡眠习惯，会变得易怒、烦躁、活动能力减退、记忆力减退，等等。因此，作为家长，在关注孩子智力发展的同时，更应关注孩子的健康，帮助孩子养成良好的睡眠习惯尤为重要。

没有健康的身体，任何成就都无从谈起。

病从口入，时刻关注卫生习惯

男孩子经常在室外玩耍，回家不洗手直接就吃饭，也因此常常闹肚子。卫生与健康息息相关，作为父母，要让孩子知道讲究卫生的重要性，让孩子养成良好的卫生习惯。

如果不讲卫生，没有养成良好的卫生习惯，那么身体就很容易被各种细菌侵袭，从而患上疾病。卫生习惯关系到孩子生活的方方面面，尤其对于保持孩子的健康、树立孩子的个人形象等都是必不可少的。

刘兵是个很爱面子的男孩，从小时候起便时时注重自己的个人形象。他特别爱干净，手、脸、穿着等总是干干净净的，因此很受大家的喜爱。

刘兵的母亲是一位医生，因为职业的关系，她特别注意培养儿子的卫生习惯，时常叮嘱儿子要勤洗手脸、勤洗澡、勤换洗衣服等。

妈妈还告诉刘兵，如果不讲卫生，就容易染上疾病，导致自己的心情也不好。而且与人交往时，脏兮兮的样子也会让人讨厌。

因此，刘兵从小就讲卫生，养成这种良好的习惯后，和同龄的孩子比，他也很少患病。

虽然提倡孩子讲究卫生已经很久了，但是在现实社会中还是有很多孩子存在着不讲卫生的行为，譬如乱倒垃圾、随地吐痰、饭前便后不洗手等，这跟孩子是否接受卫生知识学习是分不开的。

现在是文明社会，处处都在讲究公德，其中就包括卫生公德。讲究卫生不单是某个人的事情，更关系着整个国家和社会的发展。人是社会的人，生活在社会中总是要与他人打交道的，自身的行为都要与他人、社会发生联系，产生影响。所以说每个人不仅要为自己的健康负责，更要为自己生活的环境负责。

孩子年龄小，还没有完全在脑海中树立起讲究卫生这样一种意识。作为父母，就要多教育、多指导、多督促孩子，让孩子在日常生活中逐渐养成讲究卫生的良好习惯。

一、让孩子养成勤洗手、勤洗澡的习惯。

病从口入，让孩子养成勤洗手的习惯，才不容易生病。平时，父母要多督促孩子，让孩子饭前、便后、玩耍后勤洗手，并且要教他们学会正确的洗手方法。

同时，孩子多动很容易出汗，如果不及时清洗掉，就会附着在身上，从而滋生细菌，发出难闻的气味。所以说父母要帮助孩子养成勤洗澡的习惯，这样不仅能洗掉细菌，还会使孩子在洗澡的过程中享受到惬意。

让孩子养成习惯根本不难，关键是父母要下定决心帮助他们坚持到底。父母可以告诉孩子做一个讲卫生的好孩子，拥有良好的个人形象，才会吸引更多的朋友。

二、让孩子养成刷牙、漱口的习惯。

俗话说，"牙疼不是病，疼起来要人命"，因此一定要注意保护牙齿。只有养成了讲卫生的习惯，养成了早晚刷牙、勤漱口的习惯，才能避免这方面的疾病。

张旭是个伶俐的孩子，但是由于没有注意口腔卫生，小小年纪就总是牙疼，并且牙齿还被"虫子"吃掉了两颗。

原来张旭从来就没有好好刷过牙，也不经常漱口。由于他已经过了换牙的年龄，只能拔掉坏牙后装了两颗假牙。

此后，他不用父母督促，就自觉养成了爱刷牙、勤漱口的好习惯，牙齿也就没有再坏过。

乳牙换完后，父母要及时指导孩子学会刷牙，在孩子头脑中树立早晚刷牙的意识，并且鼓励他们时常漱口，这样就能有效地减少牙疾，使孩子的牙齿少受痛苦。

三、让孩子定期剪发、剪指甲。

头发长，不及时清洗总是油腻腻的。指甲长，指甲缝里容易藏污垢，这些都会给一个人的形象带来不利的一面，稍不注意还会患病。

所以父母要为孩子的健康考虑，指导孩子定期剪发、修剪指甲。这样孩子形成一个好的习惯，就会有一个清爽的形象展现在大家面前，也会更受大家欢迎。

四、让孩子讲究公共卫生。

讲究卫生，不单是要讲究个人卫生，还要讲究公共卫生。只有全社会都有了讲究卫生的意识，才能共同预防疾病。

因此，父母一定要告诉孩子时刻谨记讲究公共卫生的重要性，并且鼓励他们讲究公共卫生，主动维持公共场所的环境。

吃饭不能挑食，否则摄入营养会不均

孩子处于快速生长的发育期，饮食习惯会不断发生变化，所以他们对食物的偏好也会有所改变。但是挑食偏食，无法在规定的时间内合理用餐，必然会对孩子的营养摄入与吸收造成影响，时间一长，会给孩子的身体发育带来极大的危害。

小郭已经是小学四年级的学生了，但跟同龄的男孩子相比，他体形瘦弱，身高偏低。每次体检医生都说他不达标，建议合理饮食。而小郭的父母何尝不想让他吃得多一些，营养摄入全面一些，可是小郭就是不配合。父母为此大伤脑筋。

小郭不但吃饭的时候心不在焉，还总是挑食。只要是他喜欢吃的东西，例如土豆丝，他就大口大口地吃个没完。看见自己不喜欢的，例如蒜薹、青菜、莜麦菜，无论父母怎么劝说，他就是不肯吃一口。而且，他还爱吃甜食，例如蛋糕、甜饼干等，就是不喜欢吃馒头、米饭这些主食。每次父母劝说他多吃主食，小郭就十分不情愿，吃进嘴里又吐出来，父母真希望找个好办法，纠正小郭的不良饮食习惯。

孩子只钟爱一种食物，对其他食物冷眼相对，父母必须认真对待。偏食挑食会对孩子的身体造成不利影响。一些孩子因为长期缺乏某种营养，抵抗力下降，容易患病，如发烧感冒等，还会引发贫血、缺钙等疾病。孩子偏食，不但在体形上小于同龄孩子，还会影响智力发育，挑食偏食的孩子在智力发育指数上要比营养摄取全面的孩子低很多。

此外，挑食偏食表面上只是对孩子的身体造成影响，实际上也会给孩子的心理带来影响。当孩子不愿吃某种东西，妈妈会产生焦虑心理，久而久之，这种焦虑就会传染给孩子，让孩子一看到食物便产生不安。

孩子在饮食上有所偏好，可能受父母在饮食上挑三拣四的影响，也可能是因为日常生活中父母做饭种类单一、色彩搭配不好，影响了孩子的食欲。还可能因为孩子从很小的时候就对某种食物表现出排斥，父母为让孩子尽快用餐，顺应孩子的心意，孩子想吃什么就让孩子吃什么，不喜欢吃的父母也不愿花时间去纠正，时间一长，孩子就习惯了专挑自己喜欢的东西吃。

中国人吃饭讲究粗细搭配、荤素搭配、主食副食搭配、干稀搭配等，并且食物的颜色还要搭配得当，这才是合理的饮食。合理饮食能满足人对各种营养物质的需求，能为孩子一天的玩耍和学习提供充足的能量。即使现代人生活忙碌，无法满足合理搭配的需求，也要尽可能保持进食多样化，千万不可只偏爱于某一种或某几种食物。

改正孩子偏食挑食的毛病，培养良好的饮食习惯，其实并非难事，家长万万不可采取强迫的方式让孩子用餐，这样做只会适得其反。父母只要多一些耐心与包容，给孩子充足的时间，孩子一定能逐渐改正挑食的毛病。下边是帮助孩子改正挑食偏食习惯的几种方法：

一、父母要起到示范作用。

要想让孩子不偏食、不挑食，父母要以身作则，对每种食物表现出进食欲望，并带头吃，吃完之后对食物的味道大加称赞，孩子则会效仿。

二、耐心告诉孩子挑食偏食对身体的危害，引起孩子的注意。

父母要让孩子知道，人处于生长发育时期，一定要保证身体摄入全面的营养成分。如果缺少某种营养，就会患上某种疾病，会大大阻碍身体其他方面的发展。父母在教育孩子时要有理有据，讲究科学性，等孩子逐渐意识到挑食是一个很严重的问题时，父母的矫正才能慢慢起作用。

三、父母尽可能在烹饪上下功夫。

在保证营养的前提下，父母可合理搭配食物颜色，还要根据孩子的喜好适当改变饭菜的口味。例如孩子不喜欢吃炒菜喜欢吃饺子，就可以把多种蔬菜拌成饺子馅，满足孩子的需求。不喜欢吃水煮蛋，就做西红柿炒鸡蛋或是鸡蛋羹。改变之前的烹饪方式，孩子可能会更喜欢。

天群最不喜欢吃蔬菜了，如果看到餐桌上有莜麦菜、木耳、青椒、黄瓜等，他尝都不愿尝一口。妈妈为了纠正天群这个坏习惯，特意想了个办法。她知道天群平时最喜欢吃面食，于是把心思花在面食的改良上。为了让天群多吃些蔬菜，她换着花样给天群做面，今天吃打卤面，明天吃炸酱面，后天吃拌面，过两天吃炒面等，把各种不同的蔬菜切碎了与面条掺杂在一起。

除了丰富面条的种类之外，妈妈还在饭菜的外形上下功夫。她买来各种磨具，把米饭弄成小熊的形状，用胡萝卜做小熊的眼睛，用黄瓜做小熊的鼻子，用黑木耳做小熊的耳朵，用西红柿做小熊的嘴巴，米饭被装扮得十分好看，天群看见满心欢喜，立即就吃了。

此外，妈妈为迎合天群的口味，经常变换配料，外加自己的创意搭配，在原有食材的基础上，使饭菜千变万化。这些饭菜经常让天群耳目一新，他自然就更加喜欢吃饭了。

四、让孩子在吃饭时，学会照顾别人的情绪。

家庭用餐不是一个人的事情，而是一种集体行为。作为集体中的一分子，孩子应该从父母那里得知，吃饭时要想着别人，照顾别人。如果自己喜欢吃什么，就全据为己有，不给别人留，而把自己不喜欢吃的东西推到别人面前，这样是不礼貌的行为。家长要让孩子知道，你喜欢吃的东西，别人也喜欢吃，大家共同分享，吃饭才更有意思。家长还应该让孩子知道，每盘菜都吃才是对做饭者的最佳鼓励。培养孩子的饮食习惯从就餐礼仪做起，这样孩子才能慢慢丰富自己的饮食结构。

五、对孩子的进步给予适当奖励。

孩子不喜欢吃某种东西，切忌责骂。如果吃饭的时候心情不好，更会影响食欲。父母可以为孩子定规矩，把每一种菜都尝一遍。如果孩子今天吃了很多他平时不喜欢吃的食物，父母要及时给予适当鼓励和表扬，增强孩子尝试多种食物的信心。

此外，如果孩子食欲差，对什么食物都提不起兴趣，什么也不爱吃，父母就要带孩子去医院做检查。为促进孩子的食欲，在医生的指导下服用一些药物也未尝不可。

合理的锻炼才会有健康的体魄

公园里，天才蒙蒙亮，成群结队的人们就已经大汗淋漓了——显然，清晨的锻炼已经持续了一段时间。生命在于运动,坚持锻炼的确有益于身体健康，但是不科学的锻炼不仅不会达到锻炼身体的目的，还会有损于身体健康。

韩华的父亲是一名保健医生，从小就注重培养孩子坚持锻炼的好习惯。由于长时间的锻炼，韩华的身体素质非常好，几乎不怎么生病。这样一个注重健康又非常了解保健知识的家庭，却几乎见不到他们的家人晨练。

一天，一位有晨练习惯的邻居张爷爷见到韩华时问道:"小华，你这么爱好运动，怎么早上不出来锻炼呀?"

原来，这位老爷爷坚持晨练已经快 30 年了，每天天不亮就起床，绕着中环路跑上十公里。等到人们渐渐起来，开始一天的活动时，张爷爷已经完成了晨练。

"张爷爷，太早晨练对身体没有好处。"韩华说道。

"怎么可能，锻炼有益身体健康，你看我今年已经 63 岁了，精神不是很好嘛，这与我坚持晨练有很大的关系。"张爷爷说道。

"是的,您的身体好，与您坚持锻炼有关系。但是爷爷,天还没有亮的时候,由于植物无法在夜间进行光合作用，二氧化碳的浓度会非常高，并且全部都聚集在树木的底部位置。在这种环境下锻炼身体，不仅不能吸收到新鲜的空气，还会因为过度吸入二氧化碳而导致身体不适。因此，晨练的习惯并不好。"韩华长期受父亲的熏陶，对保健知识也有一定了解。他接着说道："而且您总是喜欢在马路上跑步，还会吸收大量的汽车尾气和灰尘，同样也不利于身体健康。"

张爷爷一听，觉得韩华说得很有道理。

"小华，那爷爷是不是不应该早上锻炼身体了？"张爷爷问道。

"不是的，锻炼身体是件好事。您可以在早上，太阳出来一个小时之后到公园里锻炼。这样二氧化碳已经被吸收得差不多了，氧气含量会非常高，负氧离子的指数也很高，对身体有好处。我就是在这个时间段里锻炼的。"韩华耐心地解释道。

由此可见，运动也需要遵循一定的自然规律，盲目地运动不仅起不到锻炼身体的目的，还会适得其反，损害自身的健康。作为家长，从小培养孩子坚持运动的好习惯对孩子的身心健康非常重要。不过，在此之前，家长们需要了解以下知识点：

一、清晨锻炼，在太阳出来一个小时之后进行。

植物在进行光合作用时，会吸收空气中的二氧化碳，释放氧气。夜间没有阳光，植物就会释放出大量的二氧化碳，吸收大量的氧气，造成空气中二氧化碳含量超标，不利于运动。太阳出来一个小时之后，植物进行了正常的光合作用，吸收二氧化碳，释放氧气，此时空气质量非常好，适宜锻炼身体。

二、清晨锻炼，不宜空腹，要喝一杯温水之后再进行。

经过一夜的消耗，人们体内的能量值达到最低，应适当进食补充一下能量。如果这时不仅不进食，还做大量的运动，会造成身体能量的严重透支，不利于身体健康。如果能在运动之前喝上一杯温水，不仅能够补充能量还能加速血液循环、清洗肠胃，有利于身体排毒。因此，喝杯温水再锻炼才是正确的锻炼方法。

三、黄昏才是锻炼的最佳时间。

人们总是提倡晨练，但是研究表明，晨练有很多弊端，不利于身体健康，黄昏才是人们锻炼的最佳时间段。在这个时间段里，从体力、身体的协调力、血压血脂的稳定性来讲都非常适合锻炼。因此，帮助孩子养成黄昏锻炼的习惯比晨练更科学。

四、运动需要坚持，不能"三天打鱼、两天晒网"。

研究表明，长期的运动有益身体健康，偶尔的运动不仅起不到锻炼身体的目的，还会加速各个关节的磨损、各个器官的负担，从而对身体造成伤害。这是因为身体已经适应了不运动的状态，忽然间运动量加大，身体平衡被破坏，超过了平日里已经适应的承受限度。因此，锻炼身体是一个长期的过程，不能"三天打鱼、两天晒网"。

总而言之，生命在于运动，从小培养孩子坚持运动的好习惯对孩子的身心健康起着很大作用，但是一定要多了解相关的科学知识，做到科学锻炼，这样才能真正起到锻炼身体的目的。

控制电子产品，莫让孩子深陷其中

几乎没有哪个男孩子是不喜欢电子产品的。男孩子拿着手机或电脑玩起来总是废寝忘食，家长对此都很苦恼。其实，孩子看电子产品有其好处，一是陶冶情操，二是启迪智慧。如今互联网蓬勃发展，获取知识的渠道不再仅限于课堂和老师，各种网络课程丰富多样，不同年龄段的孩子都能有针对性地去观看，不但能开阔眼界，增长知识，还能使孩子的新闻感知度与是非判断能力得到提高。但是电子产品也会给孩子带来不好的影响。从身体健康方面来说，如果孩子长时间坐在电子产品前一动不动，减少了活动时间，会造成肥胖。孩子处于婴幼儿时期时，视网膜和晶状体发育还未成熟，过长时间观看电子产品，容易影响视力和视觉发育，对视网膜和晶状体造成损伤。电子图像反复在脑海中出现，还会妨碍孩子的睡眠，不利于健康。

从心理健康上来说，电子产品上有很多不健康的或是消极的节目，会影响孩子的心智发育。如果一个人在婴幼儿时期就对看电子产品着迷，他们的脑部可能会被过度刺激，致使正在发育的大脑结构发生改变，这就相当于受到电子影像的"催眠"。孩子在三岁之前，脑部发展非常迅速，很容易受电子影像的影响，一旦看电子产品的时间超过限制，孩子就容易焦虑不安，冲动暴躁，注意力不集中，甚至有暴力和攻击倾向。

作为父母，我们不能否定电子产品的优点，但也不能忽视其缺点，因此父母应告诫孩子"凡事都要适可而止"，特别是在看电子产品这个问题上，更应该讲究分寸。

可是如今越来越多的家长抱怨，自己的孩子对电子产品过分着迷，每天一进家门打开电子产品就坐下观看，能一动不动坚持一两个小时，什么事情都顾不上做。就连吃饭的时候都要一手端着碗，一手往嘴里扒拉饭，然后目不转睛地盯着电子产品看。

幼儿园大班的一飞特别喜欢看电子产品，最近他迷上了一部动画片。每天一飞从幼儿园回到家中，放下书包，第一件事就是去打开平板电脑，然后坐在沙发上观看。奶奶让他去洗手，他也听不见，让他吃水果，他也不去拿。到了吃饭的时间，全家人都围坐在饭桌旁，可一飞的心思还在动画片上，不和任何人说话交流，对饭菜也没兴趣，随便扒拉两口就拿起平板电脑继续看了。等到动画片看完之后，爸妈已经把饭菜收拾了，这个时候一飞又说自己饿了，刚才没吃饱。

这样反复几次后，爸爸非常愤怒，告诫一飞："以后大家吃饭的时候，你要跟着一起吃，不能再看动画片。"随后强行断了家里的网络。一飞不停哭闹，不开网络就拒绝吃饭，爸爸气呼呼地不同意，奶奶心疼孙子，只好再次把网络打开。

孩子过分迷恋电子产品，让父母心力交瘁。父母要想帮助孩子矫正这个坏习惯，可以参考如下方式。

一、父母要起到表率作用。

其实，在现实生活中，不仅孩子迷恋电子产品，大人们也同样离不开电子产品的陪伴。有些大人经常拿着手机一动不动地连着看好几集电视剧并乐此不疲。但是他们却要求孩子到房间去做作业、去读书，并喋喋不休地说小孩子看电子产品没好处。

言教不如身教。父母与其不辞辛苦地劝告，还不如以身作则，先把自己看电子产品的时间安排妥当。当孩子做作业或是思考什么事情的时候，你也不要打开电视剧。如果孩子在自己独立的空间内学习，父母在使用电子产品时也要尽量调低音量，不要打扰孩子。

二、逐渐减少孩子看电子产品的时间。

如果孩子坐在电子产品前不肯走，父母首先要避免的一件事就是强行关掉电子产品。这样做虽然显示了父母的权威，但却剥夺了孩子的权利。因为孩子每天在家中都要看电子产品，已经将其视为生活的一部分，如果遭遇父母强行阻止，很可能会对父母产生抵触心理。

最好的方式是先跟孩子约定好看电子产品的时间，例如从周一到周五，每天可以看一个小时的电子产品，到了时间就要关掉电子产品。另外，在观看电子产品的时间内，还要跟孩子约法三章，例如，看电子产品之前先要做完作业或是看完之后就要去做功课，或者是吃饭的时候不能看，等等。待父母和孩子双方达成一致后，就可以按照此规则执行。

三、父母陪孩子一起看电子产品。

如果孩子在看电子产品的时候，父母能陪同，一方面对家庭氛围的和谐发展有好处，另一方面父母可以帮助孩子有选择地看电子产品，避免不良内容对孩子的危害。当今社会信息爆炸，广告众多，容易让孩子受到迷惑，特别是一些食品，宣称健康，却含有非常高的热量和脂肪。孩子自控力差，受广告影响很容易去购买，父母陪同孩子一起看，可以对广告内容解释说明，避免孩子上当，或是直接屏蔽掉广告。此外，父母应该挑选一些有益于拓展孩子视野，增加孩子知识的内容给孩子看，比如自然地理纪录片、历史文化讲解等等。

四、转移孩子的注意力。

如果孩子对一个内容表现出极大的兴趣，有时很难转移他们的注意力，但是也可以尝试一下用孩子最喜欢的事情去吸引他们，例如带他们出去散步，和其他小朋友玩耍，或是给他们玩玩具等。孩子长时间待在家中，势必会借助电子产品感受不一样的生活。如果带他们多出去走走，和其他孩子玩玩，就会分散他们对电子产品的关注度，还有利于孩子身体健康。

五、不要在孩子的房间放电子产品。

当今时代，人们生活越来越富裕，家中有多台电子产品是常有的事儿。但是，家长尽可能不要给孩子的房间放电子产品。因为如果给孩子专门准备了电子产品，孩子将会独自躲在房间内看，会不自觉地疏远父母。另外，逃脱了父母的视线，孩子会更加没限制地看电子产品，这样不但会影响他们的休息和学业，如果看到不适合少年儿童观看的节目，身心还会受到不良影响。

总而言之，孩子迷恋电子产品绝不是件小事儿，父母应该及时给予关注，并处理好这类问题。只要父母为孩子细心讲述长久看电子产品带来的危害，并给孩子一定的空间，孩子自然能合理把握自己看电子产品的时间，并有针对性地选择要看的内容。

打人是种暴行，父母不能视而不见

男孩子在和小朋友玩的时候，稍有不顺心时，就喜欢动手打人，尤其喜欢打家里和他最亲近的人，例如妈妈、奶奶等。对于这种行为，父母不能视而不见，一定要及早帮孩子纠正。

打人是一种攻击性行为，往往会在孩子三四岁左右时表现出来，换言之，三四岁孩子的特点之一就是喜欢打人。但是父母千万不要就此认为："既然这个年龄段的孩子本该如此，就随他们去吧，反正过了这段时间就会变好。"其实，孩子就像小树苗一样，虽然每到一定时间，枝干树叶都会长大一些，但要想长成参天大树，不从小修修剪剪是不行的。

孩子常动手打人原因多种多样。他有可能想达到某种目的，但又不会表达；也可能是管理不好自己的情绪，还可能是缺乏同情心，喜欢看别人被打后难过的样子；或者是曾在电视上看到过打人的镜头，不自觉地模仿；或者是孩子刚学会打人的时候，父母没有及时阻止他的行为，令问题变得严重了；或者是孩子希望引起父母的关注等。不管出于什么原因，打人始终是一种坏毛病，一旦形成习惯，再改正绝非易事。

孩子打人成自然，很容易产生暴力倾向。有研究表明，孩子3岁时喜欢打人，5岁时这种行为依然存在。如果在6到10岁这个年龄段仍然打人，其打人的轻重程度将影响他在 10 岁到 14 岁之间与他人争斗的严重程度。这一点不仅适用于男孩，同样适用于女孩。并且，如果孩子小时候的攻击性行为没有得到制止，长大后和身边的人相处时也会带着这种攻击性行为，不但不利于人际交往，严重的甚至可能引发犯罪。

程程小的时候是个非常霸道的孩子，他不允许别人碰他的东西，只要哪个小朋友到他家做客，拿起他的玩具，他便会立即走过去一把抢走，然后再打那小朋友几下作为惩罚。到后来事情愈演愈烈，一旦别人碰了他的玩具，如果两人离得近，他会伸手过去打，如果离得远够不着，他就会随便拿起身边的东西朝别人砸过去。

有一年春节，亲戚朋友到程程家里拜年，程程的姨妈看到地上放着的木马很有意思，便想坐上去试试，结果还没等她坐稳，就被一旁的程程看见了。程程很生气，一句话不说就跑过去重重给了姨妈一拳。姨妈以为程程耍小性子，就跟他说："程程，姨妈没见过这样的木马，就骑一下好不好？"程程更生气了，拿起身边的小板凳向姨妈砸去。姨妈被这突如其来的状况吓呆了，家里其他亲戚也都惊呆了，他们都说这孩子太可怕了，还是离他远点吧。

其实，程程在一两岁的时候也是十分乖巧的，但也会发脾气。他刚开始生气时会打妈妈，打爷爷、奶奶。奶奶的想法是，"程程的爸爸太老实，走上社会后总是吃亏，就因为从小被管教得太严"，所以他们要从小就培养程程霸气一些，不能再被人欺负。

按照这种培养理念，每当程程打人的时候，家人不但不会阻止，还会边笑边说："我们程程就是比爸爸厉害。"即使后来程程打人的情况变得严重，家人也只是一笑置之，甚至还会开玩笑似的跟他说："你这么厉害，别人会怕你的。"程程听后感到很得意。

现在程程已经十多岁了，他不论去哪儿，只要脾气一来就会动手。小区里没有孩子敢跟他玩，他家的亲戚朋友也不敢轻易到他家串门，都怕惹火了程程不好收场，再闹到大人不愉快就更不值得。即便是这样，程程的奶奶也没有意识到丝毫不对劲儿，还在鼓励程程："打得好！打赢了奶奶给你做好吃的！"

小时候的攻击性行为会对人的一生造成影响。因此，当父母发现孩子打人的时候，首先要让他们意识到打人是一种不好的行为，特别影响人与人之间的情感。父母可以说："你打别人就像别人打你一样，都是不被人喜欢的，这样是交不到朋友的。"其次，还要弄清楚孩子打人的原因，并尝试以下几种方式帮助孩子改变。

一、当父母被孩子打了的时候，千万不要一时气愤再打回去。

父母最好先把孩子放在一边不去管他，让他冷静一下，等孩子哭闹完了之后再跟他讲道理。父母要告诉孩子你们是很爱他的，但是记住，话千万不能说得太多，点到即可，让孩子自己去体会。

二、当父母发现孩子打人，不能对他微笑。

这时，要对他表现出父母应有的威严，让他明白这种行为是不被父母接受和认可的。如果父母把孩子打人的现象当作一种娱乐，认为孩子打人是件好玩的事情，会在很大程度上助长孩子的"威风"，孩子误认为打人是对的，是被鼓励的，以后就会变本加厉，无论遇到什么事都把暴力解决作为第一选择。

三、主动塑造孩子的行为模式。

如果孩子打人，父母要立即抓住孩子打人的手，用严肃的语气和坚定的眼神警告他"不可以"。如果孩子不明白，继续打人，就要再次重复这样的动作并告诉他"不可以"。

有科学研究表明，人和动物一样，行为模式严重依赖强力塑造，初生的小象总是喜欢乱冲乱撞，试图挣脱既定的饲养环境，这时候动物园的驯兽师会在周围拉上电网，通上电，这样每次小象冲撞时都会被电击一下，次数多了以后，小象明白了这张网的"威力"，就不再试图冲撞。等到小象长成大象以后，这种电击的印象还会伴随着它，即使不给电网通电，大象的能力足以挣脱电网，但大象也不会再去尝试触碰电网，形成了"自我约束"。

人不是动物，不能给孩子拉电网，但是这种强力塑造的方式却可以用来借鉴。如果孩子每一次出现打人行为时，都遭到父母的严厉制止，他就会明白打人是不对的，不能再这样做。孩子是智慧生物，比小象聪明得多，相信一两次的严厉制止就足以让他们明白。

四、当孩子的打人行为有所改变时，父母应该及时给予鼓励。

父母给予鼓励的同时，并以热情的态度回应他，孩子受到激励，自然会意识到什么是好的行为，什么是不好的行为，继而使好的行为得到强化，并促进积极情感的发展。

孩子身上的任何坏习惯都是一点一点养成的，因此父母要及早尽到纠正的责任。只要多花些心思和孩子相处，多了解孩子的长处、短处，并从尊重孩子的角度出发处理问题，一定能够帮助他们成长。

良好的教养，是孩子迈向成功的基石

一个孩子良好的习惯通常是与教养成正比的。我们平时看到一个孩子各方面的习惯都好，而且待人彬彬有礼时，就会说这个孩子真有教养。例如，他不会轻易发脾气，对待不如自己的人不会一副高高在上的样子……良好的教养会让所有人都喜欢他、欢迎他、愿意和他打交道。因此，当我们培养孩子的良好习惯时，首先需要从教养入手，教导孩子成为一个有教养的人。

李某是农村人，她有一个儿子，今年10岁了。李某平日在城里打工，她觉得赚钱就要花在该花的地方，孩子正是需要教育的年龄，她从不吝惜给孩子买书的钱。平时她尽量选择离家近的工作，只要一有空闲就回家陪儿子，因为她知道，孩子最需要的就是父母的陪伴。

李某的妹妹也在城里打工，她一心想嫁一个城里的有钱人，当然她也如愿了，并生了一个儿子明明。妹妹对明明简直就是百依百顺，孩子现在9岁了，可对金钱毫无概念，以为妈妈那有的是钱，要多少有多少。妹妹自从嫁到城里之后，对姐姐也越来越瞧不起，所以明明对小哥哥也充满了敌意。每到李某带着儿子来看妹妹时，总被小外甥挡在门口，明明大声喊着："你们两个土包子，来我家做什么？"

一天中午，李某带了儿子来妹妹家做客，吃饭时明明翻了几筷子菜就上楼了，并朝着哥哥撇了撇嘴，懂事的小哥哥装作没有看到，低下了头。吃完饭，李某因为下午有事就带着孩子离开了，刚出门就发现给妹妹装土特产的帆布袋忘拿了，那是她平时做手袋用的。于是李某折返回去拿，可是刚到门口，就听到妹妹说："农村人一点儿眼力见儿都没有，天天来巴结，家里都脏死了。"

李某扭头就回来了。当孩子问妈妈为什么没拿手提袋时，李某摇了摇头，对孩子说："宝贝，你记住，妈妈不求你以后赚大钱，但希望你做一个有教养的人，尊重每一个人。"孩子点点头，说："我记住了，妈妈。"

用金钱去炫耀，用物质去评判人的优劣，是最没有教养的行为。在这个世界上，人和人的处境有不同，身份有高低，肤色有差别，但人格是平等的，应该得到平等的尊重。明明虽然从小受到李某妹妹金钱的满足，却丢失了善良的人性，这样的孩子长大后可能就会见钱眼开，目空一切，瞧不起任何比自己贫穷的人，而对比自己富有的人百般谄媚，因为母亲的价值观就是"富有理，穷有罪"。

李某虽然钱少，却懂得怎样教育孩子，用仅有的钱为孩子买书看。所以她的儿子也很有教养，面对表弟的无理取闹也没有计较，看到妈妈的尴尬，就知道发生了什么，他用"我记住了，妈妈"来回应，这是对妈妈最大的安慰。

孩子在没有形成自己的世界观之前，身为父母，我们要告诉他们哪些是恶的，哪些是善的，哪些事情可以做，哪些事情不能做，还要给孩子实践的机会。勿以恶小而为之，勿以善小而不为。让孩子们从点滴做起，在生活中磨炼自己的意志，提高自我控制、自我调节、自我提升的能力，从而养成良好的道德习惯和道德品质，那便是人们口中所说的教养。

有教养的人从不炫耀他的优势：与人交往是人与人之间内心的交流，如果你的言行让别人感到了不快，甚至尴尬，那便是一次失败的谈话。不要让孩子总在别人面前炫耀自己家有多少钱，爸爸妈妈是什么官职，从小就要教育孩子人人平等的思想。

《世说新语》中有一篇小文《陈太丘与友期》，讲的是陈太丘与友人相约，但因为友人不守时，陈太丘就先走了。友人来后，对着陈太丘的儿子元方说："令尊真不是人呀！和别人约好自己却先走了。"元方听后反驳说："您与我父亲约的是正午，您正午没有来，那是您不守信，现在您又对着我骂我父亲，真是太没有礼貌了。"

小小的元方将这位友人说得无地自容。友人的教养让人猜度：如果他有教养，那他就会守时守信；现在他毫无时间观念，又骂人，这的确是没有教养呀。所以，一定要告诉自己的孩子，守时守信是有教养的表现，做事要有计划、有安排，同样也是有教养的体现。

有教养的人随时注意自己的言行，一个人的仪态可以反映出不同的思想境界、精神面貌、道德观念，既构成外在美，也体现内在美。家长要告诉孩子注意平日的细节，比如说话要看着对方的眼睛；不能随意打断别人的话；在公共交通工具上，不要外放音乐；与长辈说话不能大吼大叫；吃饭不能拿筷子乱翻菜，嘴巴不能有太大的响声，不能玩手机；去别人家做客，未经允许，不要随意进入卧室，更不要随意坐在人家的床上……

一个人的教养是日积月累形成的，是靠平日的点滴小事表现出来的。所以，让孩子变得有教养，不是一朝一夕就可以完成的，家长要特别注意，因为你平日的言行直接影响到孩子，每个孩子都是善于模仿的，只有自己做一个有教养的人，才能让孩子有教养地成长。

第八章

男孩就要挫折教育，艰苦是培养孩子最好的土壤

孩子的道路过于平坦，他将无法接受任何挫折

身为男孩子，在成长的道路上需要一些挫折，也总会遭遇比女孩子更多的挫折。例如：踢球比赛输了，力气没有同学大，游戏打的没同学厉害……这些小挫折本来没有什么大不了的，它们是男孩子成长和学习最好的课堂，可以让孩子变得更加坚强、勇敢，并且养成不怕失败、坚韧不拔的顽强意志。

然而，现在很多父母却不忍心孩子遭受挫折，更不忍心让孩子遭遇失败。孩子遇到困难了，他们立即帮孩子解决；为孩子铺平一切道路，排除一切障碍；就想让孩子永远开心，永远顺利，给予孩子的永远是夸奖和掌声……直到孩子长大成人，还没有品尝过挫折的滋味。

这些父母不知道的是，任何事情都需要靠自己的努力，如果父母一味地溺爱孩子，为他们铺平所有的道路，那么孩子将来很难自食其力。没有谁的人生是一帆风顺的，难免会遇到这样那样的挫折和失败。如果孩子走惯了平坦的路，听惯了顺心的话，只见喜欢的人，将来就承受不了任何挫折。一旦在某个父母力所不能及之处遭遇挫折，孩子就会轻易地被彻底击垮，一蹶不振。

要不然，我们怎么会时常看到这样的报道：某某高中生一直都是一帆风顺的，学习非常优秀，可却因为某种原因高考失利了。于是，无法承受失败和压力的孩子彻底被打败，从此一蹶不振，甚至产生了自杀的念头。

所以，在孩子的成长过程中，父母们应该对孩子进行挫折教育，让他们在失败和挫折中学到本领，增强勇气和抗挫能力。

小民是一个非常优秀的孩子，学习成绩很好，每次考试的时候都是班级的前几名，而且在美术上非常有天赋，作品多次在市里的少儿绘画比赛中获得金奖。可以说，小民就是老师和家长们口中的"别人家的孩子"。不管是在生活还是学习中都表现出色，他收到了无数的鲜花和掌声。

然而，听惯了掌声和顺耳的话，做惯了顺心的事情，走惯了平坦的道路，小民难免飘飘然起来，还有了骄傲和自满的情绪。小民的父母意识到，如果孩子始终如此顺心，没有受到过一点儿挫折教育，一旦遇到了困难和挫折，就很容易变得非常脆弱，导致情绪紧张、消极、低沉，甚至因为承受不住打击而自暴自弃。

明白了这些，小民的父母开始有意对孩子进行挫折教育，适当地给孩子增加一些遭遇挫折的机会。小民的美术功底是非常不错的，可是并没有达到专业的水准。小民妈妈帮助孩子报名参加了几次专业的绘画比赛。这几次，小民不仅没能获得金奖，甚至连名次都没有。

开始的时候，小民感到非常伤心和难过，有些接受不了自己的失败。可是，妈妈对他说："虽然你获得了很多次金奖，可是你要知道，你的水平和专业画家还是有很大差距的。不过，这样的失败并没有什么大不了的，只要你继续努力，一定可以更出色。"慢慢地，小民的抗挫能力得到了提高。为了提高自己的绘画水平，他多次参加全国性的比赛，并且时常向比自己优秀的人学习。

同时，小民妈妈还特意带着孩子拜访了一位在北京的同学，这位同学的孩子比小民更优秀，是去年北京市的中考理科状元，已经被最好的重点高中录取。

在做客的时候，小民妈妈让小民见识了那个孩子所获得的奖状以及各种比赛的证书。回到家之后，小民就郁闷了，他对妈妈说："妈妈，我今天才知道什么是人外有人、天外有天。那个哥哥实在是太厉害了！如果我们在一个城市、一个学校，我肯定不能超越他。"

妈妈笑着说："对啊！那个孩子真的非常优秀！不过你也不差！只要你虚心、努力地学习，肯定也能超越他的！更重要的是，你要知道，如果你没有敢于应对失败的心，那么就永远也无法真的成功。"

可以说，小民的妈妈是非常聪明且用心良苦的。她有意识地设置一些困难和障碍，尽早让孩子知道"人外有人，天外有天"，有助于培养小民良好的心态和承受挫折的能力。

当然，父母也应该明确这一点，对孩子进行挫折教育的时候，切不可过分地打击孩子的自信心，更不能给孩子增加太大的障碍。否则，孩子的情绪就会更加低落，失去自信心和勇气。同时，当孩子遭遇挫折的时候，父母要多鼓励孩子、肯定孩子，让孩子摆脱失望、伤心等不良情绪。

孩子不是"易碎品"，别怕他摔得遍体鳞伤

在现实生活中，宠爱孩子的父母不在少数，绝大部分的父母都会因为孩子年纪小而给予其万般宠爱，甚至是无微不至的呵护。有些父母对于孩子的保护简直应了那句话，"含在嘴里怕化了，捧在手里怕摔了"。

他们把孩子当成一触即化的"糖"或者一碰即碎的"玻璃"，禁止孩子做所有"危险"的事情。孩子想要自己倒水的时候，他们立即跑过去，小心翼翼地说："快把水放下，别烫了"；孩子在公园中和伙伴们追逐打闹的时候，他们也会急匆匆地跟在后面大喊："你可不要到处乱跑，别摔倒了"……孩子到了十几岁的时候，他们仍把孩子置于自己的保护伞之下，不放心孩子一个人逛街，不放心孩子和小朋友一起去春游……

结果，这样的孩子被父母保护得太好了，经不住任何风吹雨打。他们真的就像是易化的"糖"或者易碎的"玻璃"一样，一旦遭遇些许挫折和困难，就会被伤得遍体鳞伤。

松松已经是一名小学生了，但是老师发现，他和其他孩子有很大的区别。简单来说，就是动手能力和自理能力非常差。

课间时，老师让同学们把书包收拾好，课桌上留下下堂课需要的课本，

然后把其他东西都放进书包里。其他同学几分钟就做好了，把桌面整理得干干净净，可是松松却坐在那里一动不动。老师询问之后才知道，松松的妈妈从来不让他做这些，他根本不知道怎么做。

体育课上，体育老师示范了几次之后就让孩子们自己练习跳绳和跑步，其他同学都高兴地运动起来。可是松松依旧站在那里不动，当老师问他缘由的时候，他竟然给出了令老师哭笑不得的原因："老师，我妈妈告诉我不能乱跑乱跳，摔倒了会很疼的！"

事实确实如此，松松的妈妈是个全职主妇，从怀孕起就再没上过班，在她眼里，孩子就是一切，孩子的事儿无论大小都是"天大的事儿"，平时对孩子百般呵护，简直就是"含在嘴里怕化了，捧在手里怕摔了"。松松蹒跚学步时，妈妈在一旁小心翼翼地守护着，一旦松松有要摔倒的倾向，她就立即扶住孩子，心疼地又哄又揉，结果松松直到 2 岁才彻底学会走路，比其他孩子整整晚了一年。有一次，松松自己爬上衣柜，不小心摔了下来，把脚摔骨折了，妈妈心疼地自责了很久很久，从那之后，妈妈对于松松的所有行动就更在意了，不让攀高，不让跑跳，几乎不让他自己动手做任何事情。

所以，松松都已经 7 周岁了，自理能力还非常差，而且胆子也非常小。更令老师担心的是，松松不仅什么都不会做，内心还非常脆弱，具有非常严重的"蛋壳心理"。

一天，老师看到松松一个人待在楼道里，脸上还挂满泪痕。老师轻轻地走过去，语气和蔼地问道："松松，你怎么在这里站着？现在已经上课了，你为什么不回去上课呢？"

谁知见到老师来了，松松的眼泪竟然流得更多了。他一边哭一边说："老师，我想回家，我想要找妈妈！"

老师耐心地问道："发生了什么事情吗？你可以和老师说说看！现在你已经是小学生了，已经长大了，不能一遇到事情就找妈妈！"

松松看了看老师，断断续续地说："他们欺负我……他们不愿意和我一起玩儿……"

经过了解，老师才知道事情的来龙去脉。原来这几个男生比较活泼、好动，时常在一起追追跑跑的，很少和松松在一起玩。课间的时候，松松见一个男生拿出了一个非常漂亮的转笔刀，就小心翼翼地问："你这个转笔刀真漂亮，能让我看看吗？"

谁知那个男生调皮地说："这可是刀子啊，你妈妈让你碰吗？难道你就不怕受伤吗？"说完还和另外几个男生一起哈哈大笑起来，然后就跑到操场疯玩去了。这下松松感到万分委屈，就躲到楼道里伤心地哭了起来。

因为松松的妈妈把松松保护得太好了，把孩子当成"易碎品"。结果在成长的过程中，松松变得越来越娇贵，真的变成了一个"易碎品"。他不仅性格娇气，身体娇弱，心理更是脆弱无比。

一位教育学家曾经说过：父母给孩子什么样的教育，孩子就会成为什么样的人。如果父母把孩子当成弱者，什么事情都不让他做，那么孩子就永远不会变得坚强独立；如果父母把孩子当成"易碎"的玻璃，小心翼翼地捧在手心里，那么孩子终究会脆弱不堪，很容易被摧毁。

"父母之爱子，则为之计深远。"作为父母，如果你真的爱孩子，那么就应该收起那份溺爱的心，不要过分地保护孩子。况且，孩子虽然年纪比较小，但是他们并没有我们想象中的那么脆弱，更不是什么易碎的玻璃和易化的糖果。

该动手的时候，让孩子自己动手；该独立的时候，让孩子独立；同时在保证孩子安全的情况下，尽量让孩子大胆地尝试。只有孩子拥有坚强的翅膀和内心，成长为一个勇敢、自信的孩子，才能真正让人放心。

坚强的意志，都是在挫折中磨炼出来的

挫折，是事情超出预期时的一种心态和感受。每个年龄段的孩子都会有不同的挫折经验，同样在挫折面前的表现也不同。

人生在世，难免遭遇挫折。对年纪小的孩子来说，失去最想玩的玩具，或是想吃零食的时候被妈妈拒绝，都可能导致他挫折感的形成。小孩子通常是通过哭闹或是发脾气的方式来表现挫折感。而当孩子年纪大一点，他们挫折感的来源就不一样了，他们遇到那些和自己预期的不一样的事情发生时，会表现出更加生气、沮丧等多种负面情绪。

挫折对于孩子而言是无法避免的。既然挫折是无法回避的，家长就应该培养孩子面对挫折和走出挫折的能力。那么，什么样的方法才能帮助父母引导孩子走出挫折呢？适当的挫折教育就是最好的方法。挫折是一笔财富，是成功必然经历的阶段，因此，父母必须指导孩子学会直面挫折。

培养孩子自信时最需要注意挫折教育的方式。家长在孩子遭受挫折时没能给予正确引导，孩子就会丧失信心，遇事变得软弱。因此家长就要合理地引导孩子，让他们学会坦然面对挫折，培养对挫折的承受力和意志力。但也不要让孩子太轻易成功，如果总是成功，孩子会觉得自己比别人都强，结果导致孩子自大自负，目空一切。

大多数孩子遭遇挫折后很容易产生消极情绪，面对挫折他们往往选择的是逃避。比如，有的孩子在大考当天忽然就会拉肚子或发烧，这种孩子都有一个错误的逻辑——怕受挫折，他们认为只有不去参加考试才能避免考不好。能改变这种情况的唯一手段就是父母在孩子遭遇挫折时，教育他们要勇敢面对挫折，要有战胜挫折的勇气和信心。与此同时，父母还要叮嘱孩子不要担心失败而畏首畏尾，要放心大胆地去做。失败一点也不可怕，也没有什么大不了的，失败了可以再来。

父母要引导孩子在不断的失败、不断的挫折中磨炼自己的意志。当孩子在困难中经受磨砺并战胜困难时，他们的勇气会因此而得到激发，战胜困难的欲望也就愈发强烈。这样，恐惧心理也就随之消失，而自信心也会越挫越勇，这时的孩子已经完全具备了抗挫折的能力。

心态决定一个人的命运，一个人具有良好的心态就具备在任何环境和条件下生存的能力。那些在逆境中成长起来的人往往比其他人更加具有竞争力。

著名心理学家特尔曼教授和他的学生柯克斯博士曾对300多位伟人进行了分析与研究，通过研究他们发现这些伟人无一例外都具备了积极乐观的性格。对于青少年的成长来说，积极乐观的性格对他们的影响是巨大的，但是人的性格是在后天的环境中逐步形成的。从实践中能逐渐培养出良好的性格来，同样，实践也能培养出不良的性格。

一个背负沉重行囊的年轻人不远万里来拜访无愁大师，他说："大师，我很孤独，经过长途跋涉，我现在已经是疲惫不堪了；因为鞋坏了，我的脚也被划伤了；手上被划出很多道口子，血流不止；嗓子也哑了，为什么心中的太阳还是不能被我发现？"大师问："那你为什么不放下你的包裹呢？"青年说："这个行囊对我来说太重要了。里面装满了沿途所有的痛苦……也正是因为它，支撑着我找到了您。"

大师将这个年轻人带到河边，并划船渡过了这条河。上岸之后，大师对这个年轻人说："这条船归你了，你把船扛上赶路吧！""我的天呐，我怎么会扛着船赶路呢？"青年人感到万分惊讶。大师微笑着说："是的，孩子，你怎么可能扛动它呢？船在我们渡河时是有用的。但过了河，我们就要弃船而行。否则，我们背着这条船上路的话，它就会成为我们的累赘。痛苦、孤独、眼泪、灾难都能提炼我们的人生，让我们从中受益，但要是紧紧抓住这些痛苦不放，它们也就成了我们人生中的包袱。学会放下吧！孩子，生命中不能有太多的负重。"听完大师说的这些话，年轻人有了感悟。

正如大师所说，人生的旅途中不必背负太多。

教育孩子的过程也是一样，我们一定要时刻提醒自己帮助孩子放下那些不必要的负担。教育孩子不要因为小有成就就骄傲，也不要因为遇到困难就打退堂鼓。因为这两种情况都会造就孩子骄傲和悲观的性格。从孩子现阶段的性格来看，家长们应该对孩子的性格有一个明确的认识，"性格可塑"这个道理必须要明确，这样才能培养起孩子积极乐观的性格。

对于孩子成长阶段最为重要的就是塑造孩子的性格。孩子小的时候我们可以给他们提供温暖的住所、美味的食物，但是孩子终究要独自生活。如果孩子缺乏独立生存的能力，最后只会被社会抛弃。因为社会同自然界一样：物竞天择，适者生存。所以，我们的孩子一定会在成长中遭受挫折。我们要帮助孩子及时化解那些因为挫折而产生的种种悲观情绪、不良情感或心理障碍，这样就不会导致悲观性格的形成。孩子能够形成乐观的性格往往取决于父母对他的态度。

每一个未来可能会大有作为的人都是把命运掌握在自己手里的人。孩子遇到了挫折就容易产生逃避情绪，父母一定要教育孩子面对挫折时要鼓起勇气，要有战胜挫折的信心。我们要让孩子明白一个道理，人生中的困难只是暂时的，一次失败不代表一生失败，一定要鼓励和引导他们相信自己，通过自己的努力和坚毅能够战胜一切困难。

正如叔本华所言："事物的本身并不影响人，人们只受对事物看法的影响。"一旦孩子受到对事物看法产生的影响，那他们的生活就会发生巨大的变化。心态可以影响孩子在未来的道路中如何看待事物，可以影响他们的认知程度和结果。只有真正积极的人生态度才能帮助孩子最终战胜生活中遇到的问题，能帮助他们更好地发掘自己的潜能，走上成功的道路。

让孩子从小明白，赚钱不是一件容易的事

只有让孩子明白赚钱的不易，生活的艰辛，他们才懂得体恤家长的辛苦，进而养成不浪费、勤俭的好习惯。而让孩子最直接体会赚钱艰辛的方式，就是在现实生活中，让他不断体验如何去赚钱。

曾看到过一篇小学生写的优秀作文，文中写了他洗车的经历，很值得一读：

老师给我们布置了一项寒假作业：靠自己的劳动获取五块钱的酬劳。我还愁用什么方法挣这五块钱的时候，突然在父母聊天的内容中得知，因为快过春节的缘故，洗车的费用比平时贵了一倍，现在三十元。真是踏破铁鞋无觅处，得来全不费工夫。我自告奋勇地说："爸爸，我洗车只收十元钱，价格公道吧？"在爸爸看来车是他的命根子，爸爸用疑惑的目光看着我。但在我的几番攻势后，爸爸终于答应了我这一要求。

我做事从不拖拉，我马上找来了水桶、毛巾、手套，把湿毛巾拧干后用力地擦着车门。一下，两下……为了让老爸这个客户能够满意，我使出浑身解数，认真地擦着每一个角落。但我越是卖力，车门就越擦越脏。站在一旁的老爸已经对我无可奈何了，我就当什么也没发生过，依然我行我素地擦着。

真是天公不作美，越冷老天爷越是要下雪。我已经被冻得通红的小脸蛋

上沾满了雪花，雪水融化后打湿了我的衣服，慢慢地外面的衣服冻成了硬纸壳，而内衣却被汗水浸湿。费了半天劲一扇车门还没擦完，我真后悔做这个决定，但我不能做那种言而无信的事情，我一定要坚持把这项工作做完。雪花漫天飞舞着，不一会儿，已经有一层薄薄的冰冻在了车身上。我小小的身躯在风雪交加中围着汽车转来转去。

这车擦得连我自己都看不下去了，爸爸终于忍不住了，叫停了这项任务……

虽然我没能完成这项工作，但爸爸还是支付了那10元钱的酬劳。当爸爸将钱放在我手中时，我的眼眶里饱含着热泪。我这时才发现：看起来简单的事情做起来并不简单，回报是建立在辛苦劳动的基础上。

孩子只有明白了赚钱的不容易，才能体会到生活的幸福，也就会倍加珍惜。家长在爱孩子的同时，不妨让孩子吃点苦，这样更加有利于孩子成长。培养孩子参与到一些家务中来，可以达到培养孩子独立做事的目的。

据调查发现，美国孩子每周有五小时的家务要做。实际上，让孩子参与家务劳动并不是浪费时间的事情，通过做家务的实践，孩子反而会从中学到很多经验。因为看似容易做的家务，实则包含了很多小细节。

美国父母还会在每年的四月利用一天闲暇的时间，带上自己的孩子去自己工作的地方让孩子看看自己辛苦工作的情景，以此来让孩子明白劳动的价值观。

瑞士人提倡小学生"挣钱"体验生活。瑞士的小学里专门开设了一些打工赚钱的实践课程，以此让孩子在实践中体验到赚钱的不易。除此之外，学校还会定期组织模拟市场，让同学们从家长那儿"进货"，当然，这些"货"无非是一些吃吃喝喝的小玩意儿，然后孩子就把这些东西拿到学校的模拟市场来交易。露营、参观等活动的经费就是从孩子这些挣钱的款项中获得的。等到节假日的时候，你就会看到瑞士的一些街道和集市上有很多中小学生在拿着自制的工艺品和小食品叫卖，大多数人都会支持学生这样的举动。这是勤工俭学，也是体验生活。瑞士的孩子从小就被父母灌输了这种自食其力的思想。

据媒体报道，某 8 岁富二代通过在街头卖艺赚得的钱全部捐献给山里的孩子。他的父亲要孩子体味生活的艰辛。男孩儿在街上拉琴，父亲在距离十多米的地方观察他所做的一切。7 月已经是炎炎夏日，孩子每天要独自背负十几斤重的装备上街卖艺表演是十分辛苦的。孩子因为这些伤心难过了好几次，但父亲并没有因此而让他停止卖艺，孩子只能继续站在那里拉琴。

一般人认为，富二代享受安逸生活是天经地义的事情，因为人的本性就是追求安逸，贪图享受也在所难免，何况是富家子弟。但这位父亲并没有因为富有而让孩子安逸舒适地生活，而是让孩子体会生活的艰辛。这种举动值得我们每一位家长深思、效仿。

人活着是一个奇迹，在这个奇迹的背后是人们日复一日地辛勤劳动。钱是一分一分赚出来的，可以说，每一分钱都饱含着人们的汗水。

为了孩子将来能在社会上生存，并有所作为，就不要把孩子天天泡在蜜罐里。要让孩子早日明白生存的艰难，挣钱的辛苦，只有这样，孩子才能用自己的双手创造幸福，做一个自强自立的人。

孩子的成长需要压力，那是动力的源泉

　　玩过篮球的人都知道，拍篮球时，如果用的力气越大，篮球就会跳得越高。这就是"拍球效应"。它的寓意是说一个人如果承受的压力较大，他的潜能就会发挥得较高，反之，如果承受的压力较小，潜能的发挥程度也就较低；压力小，人会处于松弛状态，潜能发挥不出来，因而工作效率低，当压力逐渐由小变大时，压力会转变成一种动力，激励人们努力进取，迎接挑战，因而提高了工作效率。当然，人对于压力的承受力也是有限的，如果压力大到超过人的最大承受力，它就会变成阻力，效率也就降低。只有压力约等于人的最大承受能力时，人的潜能才会发挥得最好，效率也就最高。

　　事实上，压力会伴随我们一生，任何人都无法避免。人们常说：有压力才有动力。的确，任何一个活在没有压力环境下的人，会很颓废、消极、懒惰，因此很难有进步，如同没有落差的水一样，不会流动。

　　根据科学研究表明，我们想要保持良好的状态需要适度的压力来刺激，这样不仅有利于我们挖掘自身的潜能，还能将自身的生活品质和整体效率提高。举例来说，运动员们在比赛前往往都会给自己适当的压力，将自己的状态调整到适度紧张的那个"档位"上，这样才能让自己处于最佳状态，赛出最好的水平。而如果给自己太大的压力，则连平时的水平都发挥不出来。还有就像那些参加考试的学生一样，如果在考场上感受到适度的压力，他们就能充分调动自己的大脑，把之前储备的知识发挥出来，考取好的成绩。可见，适度的压力对于挖掘人的潜力资源、促进社会发展进步，具有非常积极的意义。

有一艘船在返航途中遭遇了巨大的风暴。水手们为此感到惊慌不安，唯独老船长表现得很镇定，他命令众水手们打开货舱，让水涌进货舱。

"船长这样做不是在自寻死路吗？时间一长船就沉入大海了？"一个年轻的水手向其他的水手抱怨道。

感觉到老船长的严厉与坚持，水手们不敢怠慢，赶紧把货舱打开，海水不断地灌进来，这时货舱里的水位越升越高，船也在一寸一寸地下沉，外面依旧狂风骤雨、巨浪滔天，可是船逐渐变得平稳了。

老船长松了一口气，对年轻的水手们说："百万吨的大轮船很少能被风浪打翻，被打翻的往往是轻飘飘的小船。其实，船在负重的时候最安全，如果船很轻，没有载重，往往最危险。当然，船的负重由它的承载能力决定，想要抵挡暴风骤雨的袭击，还得依靠适当的压力才行，如果负重超出船所能承受之重，那么它就会像你们担心的那样，消失在海中。"

"拍球效应"的作用在上述这则故事中显现无疑，正是因为船有了适度的压力，船上人才得以幸免于难。我们的生命就像这条大船，如果没有一点压力，得过且过，往往会在人生的狂风大浪中被打翻。不想负重，就注定一生碌碌无为。同样，孩子的成长也要遵循"拍球效应"。在孩子的学习生活中，如果承受的压力过小，长期处于松懈状态，学习成绩肯定不会好；如果承受的压力过大，长期处于紧张状态，效率就会越来越差。

因此，作为家长必须科学运用"拍球效应"，采取有效的措施，既不要给孩子过大的压力，对孩子设置过高的目标，提出过多的要求，也不要给孩子过度的自由空间，放任自流。父母要正确地指导、帮助孩子，给孩子适度的压力，让孩子学得愉快、学有所成。

有些父母会说，我并没有给孩子设置过高标准、提过分要求，我只是对他关心而已。殊不知，对于孩子来说，过度的关心也是一种压力。孩子的内心非常敏感，由于身心发展不成熟，他们不懂得如何处理外来的压力，只会把父母的关心转变成自己内在的期望值，这样反而把自己弄得更加紧张。一旦发挥失常，他们内心无法原谅自己，很容易钻牛角尖，继而产生自卑、消极、逃避的心理。

从前有一个小和尚，一天，庙里的厨师让小和尚去山下打油，在给了小和尚钱和油碗之后，厨师一遍遍地警告小和尚："你要加倍小心才是，碗里的油一滴也不能洒出去，不然回来罚你做一个月的苦力。"

小和尚边答应边接过油碗，心惊胆战地出了寺门，下了山。打好油后，小和尚小心翼翼地捧着碗，踏上了回寺的路。一路上，厨师严厉的表情和告诫萦绕在小和尚的脑海之中，每一步都走得不是很安稳。

眼看就要到寺院门口，小和尚一不留神，落脚不稳，手中的碗一倾斜，油顿时洒掉了一半，他紧张地手脚直发抖，心想等见到厨师时，一定要挨骂受罚了。

厨师果然很生气，他怒不可遏地训斥小和尚："反复交代你那么多次，一定要小心，居然洒了这么多油！罚你做一个月的苦力！"

小和尚难过得哭了起来，这时恰巧方丈经过，他了解了事情的原委之后，慈祥地擦了擦小和尚的眼泪，对他说："你现在再下山一趟，还是去打油，不过这次，我要求你多留心路上的事物，回来要和我描述一下。"

小和尚端着碗再次下山打油。在回寺的路上，他遵照方丈的嘱咐，细心地观察路上的风景：迷人的梯田，雄伟的山峰，耕作的农夫，嬉戏的孩子，还有白发苍苍的老人在路边下棋……

就这样，小和尚不知不觉地回到了寺院。当他把油碗交给方丈时才发现油居然没洒出来一滴。原来，厨师严苛的嘴脸让小和尚压力过度，紧张兮兮的小和尚最终还是在庙门口把油洒了；而方丈的"观察任务"，让小和尚自然放松，结果碗里的油一滴没洒。

父母教育孩子也是如此，父母可以对孩子有要求，但千万不要给他们太大的压力。孩子只有心情放松地学习、生活，才能做到"一滴不洒"。事实上，尽管孩子的年龄小，可他们是一个独立的人，有自己的意识、判断，他们希望得到尊重，希望自己的生活自己做主，所以家长应该给孩子充分的自由，让他们自己设定生活目标，父母在一旁给予指导和帮助，千万不要本末倒置。

当然，做到这一点并非易事，需要父母对孩子的综合素质和心理承受能力有一个正确的评估，同时改变"压力越大，效率越高"的错误观念。多方面观察孩子、了解孩子，从孩子身上找到一个"黄金分割点"。孩子压力小时就适度增压，孩子压力大时就适度减压。

与那些过度施压的父母不同，有些父母教育孩子时，总担心孩子承受不了压力，所以对其放松要求，甚至没有要求，对孩子的学习、生活听之任之，其实，这种教育方法也存在一种误区，如绝对的高压会导致教育失败一样，绝对的宽松会耽误孩子的前程。

人们常说："井无压力不出水，人无压力难成器。"的确，孩子需要父母的支持，如果父母寄予孩子一定的期望，给孩子适度的压力，孩子会感受到父母的关爱和鼓励，在建立自信心的同时把它们内化为前进的动力，这对于挖掘孩子的潜力大有益处。

科学研究表明，人只有5%的潜能得到了开发、运用，剩下的潜能还有待开发。适当的压力能够调动孩子的积极性，让他们变得更自信，激发孩子无穷的潜能，锻炼他们的能力。

所以，家长们要适度地给孩子增加一些压力，按照成长的不同阶段进行调节，使孩子在张弛有度的环境中茁壮成长。

一、父母要给孩子合理的期望。

孩子的压力就是父母的期望值，压力的大小取决于孩子的父母。如果期望值过高，不切实际，孩子的自信心受挫，就会开始怀疑自己、轻视自己，产生失望情绪，放弃努力，最后自暴自弃。如果期望值过低，对孩子不予理睬，孩子会放松心态，变得消极颓废，缺乏上进心，自甘落后。因此，家长要根据孩子的实际情况来确定自己的期望值，孩子稍加努力后就能实现的就是最好的期望值。

与此同时，有了恰当的期望之后，孩子需要一步步地实现它。俗话说："一口吃不成大胖子"。父母千万不要急于求成，要调整自己的心态，只有自己先平静起来，这样孩子才能够轻松。父母不能要求孩子一步到位，要留给孩子喘息的空间，让孩子脚踏实地、一步一个脚印地往前走。

二、施压的同时，给孩子相应的支持和鼓励。

实际上，孩子的承受能力很多时候取决于家长的支持和鼓励。如果孩子的成长既没有压力也没有支持，他很难有什么出息。因为他没有足够的压力推动他前进，没有相应的支持鼓舞他努力，他的潜力发挥不出来。除此之外，孩子处于高压而又缺少支持的情况下，结果将会是一事无成的。假如孩子处于低压且支持巨大的情况下，结果还不是很乐观，孩子会变得沾沾自喜，好高骛远，根本不可能成功。

孩子的成长需要压力，同时也需要父母的支持。适当的压力与支持，可以让孩子在前进的过程中有勇气、有信心地接受挑战、战胜困难。对孩子的支持不一定表现在具体某件事情上，而是用恰当的方式让孩子感受到父母的关爱，例如，温和的语气，身体的接触，向孩子传达关心，缓解孩子的压力，帮助其建立自信。

三、父母一定要明白：施加压力不是虐待心灵。

父母给予孩子适当的压力是正确的，但是这和虐待孩子是两码事。我们在周围经常发现，父母为了让孩子进步，采用讽刺、挖苦、嘲笑、威胁，甚至恐吓的方式，事实上这是对孩子幼小心灵的摧残，这种做法会给孩子的心理造成巨大创伤，孩子时时刻刻处在对自己的否定当中，觉得自己一无是处，久而久之，性格会变得自卑、内向、焦虑、压抑，心灵会发生扭曲、变态。这样别提什么提高学习成绩了，就连基本的身心健康都得不到保证。

所以，父母应该给孩子足够的爱和尊重，关心孩子，理解孩子，以平和的心态、温和的语气与孩子相处，和孩子交朋友，一同分享欢乐，分担痛苦。这样孩子的表现会与以前大不相同。

其实，压力就像空气，没有人能在真空中存活，人的一生不可能没有压力。的确，曲折的人生道路，入学、升学、就业、升迁，孩子成长的每一个足迹都是压力催生的产物。没有压力，人的一生就会平淡无奇。生命原本是丰富多彩的，任何人都不愿意自己的生活一成不变。因此，父母要让孩子懂得在尽情享受成功的喜悦时，应当感谢当初令人头疼不已的压力。在品尝一帆风顺的快乐时，也要欣然接受压力带来的痛苦和磨炼。

孩子不能娇生惯养，从小要有能吃苦的精神

　　凯恩斯是古典经济学家，他曾提出这样一个经济观点，消费水平的变化是受绝对收入水平的变动影响的。他认为，消费是可逆转的。对这一观点，杜森贝持否定态度，他认为根本不可能理性地计划消费行为，消费习惯决定了消费行为。而消费习惯受到了很多因素的制约，比如生理、社会、个人等诸多方面。尤其是个人收入水平达到最高峰时的消费标准对消费习惯的形成有着重要的影响。由于消费习惯的形成，消费标准是不可逆转的，向上调整容易，向下调整难，几乎不可改变。这种效应被称为"棘轮效应"。消费水平一旦上去了，就很难降回到原位，这就好比"棘轮"的原理一样，只进不退。

　　事实也的确如此，消费者增加消费容易，减少消费很难。就像一向吃惯山珍海味的人，一下子改成粗茶淡饭，多半会不适应。而且消费习惯的持续时间更长、影响更大。因此，当收入降低时，人们一般不会立即降低消费水平，而会继续保持原来的消费水平。

　　"棘轮效应"可以用我们宋代文学家司马光的一句话来简要概括："由俭入奢易，由奢入俭难。"这句话出自《训俭示康》，除此之外，他还特别强调："俭，

德之共也；侈，恶之大也。"意在告诫儿子不能贪图享受之风，应将俭朴的家风继续保持下去。

人们常说："富不过三代。"如果过度放纵孩子的欲望，从不培养孩子俭朴的生活作风，这样的悲剧必然发生。虽然我们不能将欲望禁止，但可以对其控制。欲望一旦变得贪得无厌就会彻底滑向罪恶的深渊。

与此同时，我们在教育下一代时，有必要将勤俭节约的好习惯让孩子传承下来，即便让孩子"吃苦"也不怕。同时应该让孩子懂得"由俭入奢易，由奢入俭难"的道理，引导孩子把有限的精力集中到学习上，而不是在追求物质享受上，培养孩子坚强的意志和完善的品格。父母要让孩子知道，人生的成功，不是靠吃穿用度，而是靠真才实学达成的。如果让孩子过早地贪图享乐，没有尝试过艰难困苦，等于是把他们的一生都毁了。

当然，我们所倡导的"穷苦"并不是吃不饱、穿不暖的意思，而是在孩子温饱的基础上，让孩子经历必要的"穷苦"，从中获得感受、体验，培养孩子艰苦奋斗的精神。

然而，在现实生活中，随着物质生活水平的日益提高，越来越多的家庭喜欢用物质满足孩子的一切，把孩子宠得像皇帝、公主一样，要什么给买什么。即使一些条件不好的家庭，父母宁愿省吃俭用，也要让孩子的生活与同伴们"齐头并进"。这并不是一件好事，家长们对孩子看似爱之，实则害之。事实上，对孩子物质上的"有求必应"，会造成孩子花钱大手大脚、不懂珍惜的坏习惯，他们追求物质享受，不愿意受穷吃苦。

所以，我们应该学习下面两位世界名人的做法，他们或者富可敌国，或者位高权重，尚且如此"苛刻"地对待孩子，我们这些普通人，更应该学着"苛求"孩子，避免将金钱的负面影响带给孩子。

身为"石油大王"的约翰·洛克菲勒，同样对孩子们非常"吝啬"。尽管他财力雄厚、富甲一方，但他从不在金钱上娇惯孩子，就连零用钱也算计得一清二楚。因为他深知富家子女比普通家庭的孩子更容易受物质的诱惑，受欲望的摆布。

洛克菲勒根据孩子成长的不同年龄来发放零用钱：10岁之下每周30美分，10岁以上每周1美元，15岁以上每周2美元，每周保证定时定量发放一次。除此之外，他给每个孩子都准备了账本，要求他们将自己的支出明细都记录下来，每次发钱的时候他都会检查孩子们的账本。支出正当的人，下一周的零花钱可以增加5美分，反之则减少。

此外，洛克菲勒规定，孩子们帮助家长做家务的话会获得额外的报酬，用来补贴自己的零花钱。例如，拍苍蝇、捉老鼠、清理草坪，都可以得到若干酬劳。孩子们很拥护父亲的政策，积极参与劳动，他们开动脑筋，勤于动手。二儿子纳尔逊（后来担任美国副总统）和三儿子劳伦斯（后来兴办新兴工业）一起主动承担了替全家人擦鞋的服务。这两个儿子在十二三岁的时候就一起合伙养兔子，用以卖给医学研究所换取酬劳。孩子们品尝到劳动的乐趣和收获的喜悦。

后来，儿女们纷纷长大，去外地上大学，洛克菲勒依然对他们的零花钱严格管理，规定他们的消费要与一般人家庭的孩子持平，如有其他用途必须额外申请。他不愿意孩子任意挥霍哪怕一美元。

享誉东南亚的"电信大亨"他信曾担任过泰国总理，他信的家境十分富裕。他信没有因为家境富有而放松过对子女的要求。

他信的小女儿贝东丹在2004年高考刚刚结束后就被父亲安排到曼谷的一家麦当劳里打工。他信在女儿打工期间，特意到这家麦当劳来视察女儿的工作情况。就是那段时间，贝东丹成为东南亚媒体关注的焦点。事后，他信对此解释说："我想让我的女儿有一段体验真实生活的经历，了解赚钱的不易。因为她出生在比较富有的家庭里，我想让她得到锻炼。赚钱不是主要目的，获取一些人生经历才是最主要的。"

洛克菲勒和他信都知道，养成俭朴的生活习惯，经历赚钱的艰辛，对于孩子适应社会、培养责任感和进取心具有重要的意义，一种艰苦奋斗、积极进取的精神远比金钱更让孩子受用不尽。

实际上，孩子是勤俭朴素还是好逸恶劳，绝大部分取决于父母。父母对待钱财、劳动的态度，在潜移默化中也造就了孩子的价值观。

所以，父母要以身作则，给孩子做出表率，即便再有钱，也不能一味地讲究物质生活，在孩子面前奢侈浪费。同时，父母要让孩子知道赚钱不易。只有付出，才有回报。父母要有意让孩子体验劳动的滋味，经历了艰辛，才能有所收获。比如，可以像上面讲到的洛克菲勒那样，鼓励孩子做一些家务或者兼职，让孩子为家里打扫卫生、取快递、买菜等赚取自己的零花钱。

此外，父母要教会孩子理财，教孩子学会积累，将手中的零用钱、压岁钱，按照计划使用，适当积累。教育孩子废物利用，这种方法既可以培养孩子节俭的好习惯，又可以锻炼孩子的想象力和行动力。同时，教会孩子把握消费的分寸，让孩子懂得"量入为出"，不该花的钱一定不要乱花，要知道，任何合理消费都是建立在收支平衡的基础上。消费水平取决于支付能力。

当然，培养孩子勤俭朴素的作风，除了要教育孩子正确地对待金钱外，还要教育孩子热衷于"吃苦"。人生道路难免有坎坷波折。一个人如果只会享福，不会吃苦，那么在遇到挫折的时候，就会一蹶不振，很难挨过去。古话云："艰难困苦，玉汝于成。"任何人想要成才，只有经历过"艰难困苦"，才能"玉汝于成"。那种事事依靠父母，不愿意承担责任，不愿意付出努力的人，将来在社会中是难以立足的。

也许很多家长会说，孩子年纪轻轻，哪能吃什么苦呢？我们这里说的"吃苦"，其实就是让孩子参与劳动，做一些家务活。千万不要小看做家务对孩子的作用，在参与家务劳动中孩子能够体会生活的艰辛，增加自己的情感体验，激发内在的求知欲望，塑造坚韧不拔的品格。

理论要结合实践，这是妇孺皆知的道理。可是，在人们不断强调让孩子德智体美劳全面发展的情况下，又有多少家长真正做到让孩子参与劳动、热爱劳动呢？须知，热爱劳动不是靠理论说教，而是靠孩子亲自劳动体验。父母要懂得实践的重要性，支持、鼓励孩子积极参加劳动，让孩子自己动手穿衣、吃饭、整理内务、打扫卫生等劳动，既可以提高孩子的行动力，又可以开发孩子的智力。事实证明，孩子获取知识、接触社会的重要途径就是实践。

如果在孩子成长的过程中，只有书本知识的堆砌，没有实践活动的体会，那么，孩子很难再有进一步的求知欲和进取心，长大以后，他们的自理能力往往比较差，缺乏责任心，各方面也表现平平。做家务多的儿童往往具备更强的独立性。这说明孩子的劳动习惯决定了孩子的自立能力。实际上，一个在家娇生惯养的孩子，当他离开家的时候是无法在社会上立足的。因为孩子不能光靠抽象理论就学会生存，这期间要经历一个从简单到复杂的过程。然而，如果孩子经常参加劳动，那么他既能体验到生活的艰辛、幸福生活的来之不易，又能学会理解父母、尊重他人、珍惜他人的劳动成果，因而变得积极乐观、热爱生活。

人们常说："可怜天下父母心"。父母终日付出的辛劳，得不到孩子应有的感激、回报，的确很可怜。孩子之所以"忘恩负义"，很大部分原因是父母没有让孩子从小参与劳动，培养孩子热爱劳动的习惯，孩子既不懂得付出，也不知道收获得来不易，自然也就体会不到父母的辛劳，不懂得感恩与回报。比如，孩子自己没有洗过衣服，他就体会不到父母洗衣服的辛苦，也就不会在意保持衣服的整洁，即使大人们说几十次、上百次，他仍旧不会注意。但凡他体验过洗衣服的劳累，就会开始珍惜父母的劳动成果。

从来不做家务的孩子，长大以后会产生各种各样的性格缺陷。他们由于缺乏劳动经验，不懂得劳动的价值，也不珍惜他人的劳动成果，看不起体力劳动者，渐渐变得好逸恶劳、狭隘虚荣。

所以，父母不要对孩子"面面俱到"，应该让孩子学会自己的事情自己做，从小鼓励孩子做一些力所能及的事情，培养孩子的独立性和责任心，让孩子学会自律，杜绝形成好吃懒做、依赖父母的坏习惯。一旦孩子有不良行为出现，父母可以制定一些家庭规范来约束孩子，规整孩子的行为。同时，督促孩子承担家务劳动，让孩子体验真实的生活，享受劳动的快乐，只有辛勤的付出，才能体验到收获的喜悦。

爬起来，就是一种成功

"自古英雄多磨难"，纵观古今，但凡是一些有所成就的人都经过百般磨炼。对于孩子来说，遭遇挫折不是坏事，这能真正激发出他们的内在意志品质。做父母的，用不着害怕、泄气和埋怨，只需对孩子说：爬起来，就是一种成功。

曾读过一篇《狮子育儿法》的文章，讲的是"我"在一位韩国朋友家做客时，看到朋友的儿子不小心从楼梯上滚了下来，出于善意要去扶倒在地上的孩子，没想到却被朋友制止了，更令人感到疑惑的是，家里的保姆就像没看到似的，不闻不问，这真是让人匪夷所思。接下来那位朋友解释说，这是时下韩国最为流行的"狮子育儿法"。

所谓"狮子育儿法"就是像狮子那样养育孩子，引导孩子的身心向健康方向发展。

身为"森林之王"的狮子在激烈生存竞争中也是不敢大意。小狮子刚出生不久就会被父亲推下石崖，小狮子只能自己想办法从下面爬上来。而成年狮子就会站在一旁观察着小狮子的一举一动，只要小狮子没有生命危险，它们是绝对不会出手相助的。

文中还提到，因为是群居动物的缘故，小狮子都会受到狮群的保护。在这样的环境中生活，小狮子就会经常出现打斗的场面，也正是因为这样才锻炼出它们强健的体魄。崇尚"狮子育儿法"的韩国人认为小孩也和小狮子一样，不可能一生都受到父母的呵护，总有一天要离开父母走向竞争激烈的社会，这就需要他们独自承受很多。

是的，孩子的成长离不开磨炼，没有挨过饿的人，不懂得什么叫温饱；没有受过苦的人，不懂得什么叫幸福。

张爱玲曾写过《非走不可的弯路》：

在青春的路口，曾经有那么一条小路若隐若现，召唤着我。

母亲拦住我："那条路走不得。"

我不信。

"我就是从那条路上走过来的，你还有什么不信？"

"既然你能从那条路上走过来，我为什么不能？"

"我不想让你走弯路。"

"但是我喜欢，而且我不怕。"

母亲心疼地看我好久，然后叹口气说："好吧，你这个倔强的孩子，那条路很难走，一路小心。"

上路后，我发现母亲没有骗我，那的确是条弯路，我碰壁，摔跟头，有时碰得头破血流，但我不停地走，终于走过来了。

坐下来喘息的时候，我看见一个朋友，自然很年轻，正站在我当年的路口，我忍不住喊："那条路走不得。"

她不信。

"我母亲就是从那条路上走过来的，我也是。"

"既然你们都从那条路上走过来了，我为什么不能？"

"我不想让你走同样的弯路。"

"但是我喜欢。"

我看了看她，看了看自己，然后笑了："一路小心。"

我很感激她，她让我发现自己不再年轻，已经开始扮演"过来人"的角色，同时患有"过来人"常患的"拦路癖"。

在人生的路口，有一条路每个人非走不可，那就是年轻时候的弯路。不摔跟头，不碰壁，不碰个头破血流，怎能炼出钢筋铁骨，怎能长大呢？

在成长的十字路口，确实有些父母、老师或者长辈有时会提醒孩子，那条路行不通，要走这边。但大人也应知道，孩子因为年轻，因为激情，因为初生牛犊不怕虎，就会坚持自己的选择，义无反顾、勇往直前。就像不经历风雨怎会见彩虹的道理是一样的。有些事情，孩子没做之前是不会懂的，在经历后才会明白个中滋味。因为年轻，孩子总觉得生活是多姿多彩的，他们对未来充满了期待，而别人的话他们总是左耳进，右耳出……

青春是要适当地走些弯路。就算这路上也许布满荆棘与杂草，孩子也愿执着前行。众所周知，彩虹因为经历了风雨而更绚丽，水滴因为经历了弯曲的小溪而融入大海的波涛，而孩子则因为经历了这荆棘丛生的曲折道路而成长起来。

日本松下集团的创始人松下幸之助说："逆境给人宝贵的磨炼机会。只有经得起环境考验的人，才能算是真正的强者。自古以来的伟人，大多是抱着不屈不挠的精神，从逆境中挣扎过来的。"

第九章

品德优先，做人的道理一定要从娃娃抓起

诚信做人不是天上掉下来的，而是在家庭中养成的

孩子说谎，大多数父母都会生气，特别是当孩子说出的话已经明显不真实，但他们依然嘴硬时，例如将酱油瓶打翻了，弄得全身黑乎乎的，却偏偏要将错误归咎于小猫、小狗，父母为此更是会暴跳如雷。

在这之后，孩子将面临一场灾难，父母不是将其痛骂一顿，继而逼问原因，就是怒打一顿作为惩罚。父母做出这些行为，很可能是因为一时控制不住脾气，但更大的原因是他们认为，只要给孩子点颜色看看，孩子就一定能改邪归正，从此以后不敢说谎。

可是，父母以这种方式阻止孩子的谎言真的有效吗？孩子真的会在打骂之中屈服吗？尽管一些孩子畏惧父母的权威，日后不得不小心翼翼地说话。但也不排除有些孩子担心与父母"坦诚相见"之后，会受到父母更加严厉的惩罚，为了保护自己，只能靠编造另一个谎言来欺骗父母。

特特从小就是个听话的乖孩子，但就是学习不好，每次期末考试，成绩都在班上倒数，当他拿回考卷让父母签字的时候，免不了会遭受父母的一顿数落。

父母为帮助特特提高学习成绩，伤透了脑筋，他们不但平时给孩子找家

教上门一对一辅导，还在周末给孩子安排了各种课外辅导班。特特每天忙着学习，没有一点空闲时间，感觉十分苦恼。

一天，妈妈问特特："特特，你觉得最近补课效果怎么样？作业都会做吗？老师讲得知识能听懂吗？"特特说："作业都写得很好，老师讲的知识也都理解了。"妈妈认为果然是功夫不负有心人，特特学习进步了。过了几天，妈妈又问："特特，这一阵你觉得学习怎么样？是不是比以前轻松了很多？"特特回答："嗯，是的，老师还夸奖我呢，说我进步不小，还让同学向我学习。"妈妈听了特特的话十分高兴，她以为再过不久自己的孩子就能名列前茅了。

可是没过多长时间，妈妈就接到班主任张老师的电话，请她到学校里来一趟。妈妈十分高兴，认为张老师肯定要对特特的进步大加夸赞。等她到了学校才知道，事情完全不是她想象的那样。

当张老师拿出特特最近的一次测验试卷说特特没有一门课程达标的时候，妈妈都傻眼了，她怎么也不相信近来常称自己进步不小、被老师夸奖的儿子竟然科科不及格。妈妈赶忙向老师了解情况。老师说特特有很长一段时间上课不认真听讲，还经常打瞌睡，并询问是不是特特平时做作业做得太晚了。妈妈被老师这么一问，简直无言以对，感觉又气愤又羞愧。

回到家之后，妈妈怒气难消，用严厉的语气质问特特："你这几天在学校好好听课了吗？"特特不明真相，还是像以往一样沉着地回答："好好听了，老师讲的都记住了。"妈妈气愤地上去就打了特特一巴掌："睁着眼睛说瞎话。我刚从你们学校回来，你看看你的成绩都成什么样了，还敢说上课认真听了？平时我问你老师讲的知识你都明白没有，你每次都告诉明白，你进步了，说，你为什么要说谎？"特特难过地说："我并不想说谎，可是你和爸爸对我期望太高了，给我报各种辅导班来提高我的成绩。可是我想过得轻松一些，而且，我真的不想再因为学习的事情被你们骂，所以只能欺骗你们了。"妈妈听了特特的话，更加难过。

每位父母都希望自己的孩子天真无邪，诚实可信，而每个孩子也不是天生就会说谎的。对于孩子来说，诚实意味着犯了错误敢于承认，不欺骗别人，不让别人对自己失去信心。这就好像在路边捡了东西，你要承认这不是你的一样。但为什么还是有那么多孩子习惯在父母面前说谎？

孩子说谎，不外乎以下几种原因，有些孩子是因为担心遭到父母的惩罚；有些则想取悦父母，成为父母心中的乖孩子，得到父母的夸赞和认可；还有些是因为对现实情况和幻想分辨不清，将说谎当作说故事。但不论孩子出于何种原因说谎，父母都应该认真思考，并反思自己。

当孩子说真话时，很可能会受到不必要的惩罚。例如一个四岁孩子说他不喜欢奶奶或是姥姥了，多数情况下会遭到父母的责骂。其实对于年龄幼小的孩子来说，喜欢谁或不喜欢谁是在真实地表达自己一瞬间的情感。当父母听到孩子说不喜欢长辈之类的话，就觉得孩子不孝敬，叛逆心重，于是开口责备，甚至采用暴力手段。有些孩子受到严厉惩罚，明白了这种表达真实想法的话不能说，只得说些违心的话。而孩子的谎话说多了，父母又认为自己不被孩子尊重和认可，继而更为严厉地指责孩子，两代人之间的代沟就这样一点一点地加深，以至于双方之间失去信任。

苏联教育家马卡连柯曾说："'诚信做人'不是天上掉下来的，而是在家庭中养成的。在家庭中也可以教养出不忠诚老实的人，这完全取决于父母的教育方法。"可见，父母的教育方法对于一个孩子来说尤为重要，如果父母在教育孩子的过程中滥用权威，而不是关注孩子真实的想法，孩子则很难和父母真心相对。

要想让孩子从小养成诚实可信的习惯，不隐瞒，不欺骗，父母则要从以下几个方面来教育孩子。

一、家长要以身作则，不可随便说谎。

日常生活中，孩子的行为习惯多半来源于父母。如果父母诚实守信，为孩子起到表率作用,孩子则很容易养成诚实的品质。例如父母在路边捡到东西，尽全力将它归还给失主，而不是据为己有；父母犯了错误，被孩子发现，勇于向孩子说出实情，承认自己的错误。孩子看到了父母的行为，则比较容易传承父母的优良品质。

二、孩子犯错，父母要用理智对待。

人无完人，大人也会犯错，更何况是孩子。孩子犯错，可能由于年幼无知，也可能因为自制力差。对此父母切记不可打骂，也不要逼迫孩子承认。因为一旦逼迫过度，激起孩子的逆反心理，孩子更不愿承认错误。所以，父母首先要用温和的态度面对孩子，其次再鼓励孩子说出为什么犯错。当孩子感受到父母的关心和爱护，就会信任父母，亲近父母，自然会向父母敞开心扉。

这学期，小宇升到幼儿园大班了，他跟妈妈说："妈妈，我画的《小蝌蚪找妈妈》很好看，被老师贴到展示墙上了。"妈妈听后很高兴，不停地夸小宇乖。但是等开家长会的那天，妈妈在幼儿园的展示墙上并未找到小宇画的画。她问了老师之后才知道，小宇的画根本没被贴出来。妈妈很生气，回家质问："你为什么要说谎？你的画根本没有贴到展示墙上。这样说出来，你不觉得脸红吗？"小宇见妈妈生气了，虽然很紧张，但却两眼瞪着妈妈表现出愤怒的样子。

过了一会儿，妈妈自觉情绪不对，赶快用温和的语气问道："小宇，你为什么要对妈妈说你的画被老师贴到展示墙上了？一定有什么原因吧。你能不能跟妈妈说一说，妈妈保证不会生气。"小宇这才对妈妈说："其实我就是想让妈妈高兴一下。"妈妈听了心中很不是滋味，她意识到平时给予小宇的情感关注太少了，并下定决心以后一定要与孩子多交流。

三、孩子有心愿，父母要合理满足。

很多孩子说谎多半是因为父母无法满足他们的心愿。例如孩子想到公园玩耍，父母答应了他们周末去，可是因为工作繁忙就忘记了和孩子之前的约定。孩子期盼已久的心愿落空，为达到目的，只得说谎，例如对父母说"老师周末让我们一定要去公园观赏春天的景色，下周要写作文"等。父母一般视老师的话为圣旨，于是乖乖带着孩子去了。一旦孩子通过说谎的方式实现了愿望，就会产生路径依赖，只要父母不同意自己的要求就靠编故事说谎来解决。父母对此应该提高警惕，尽早满足孩子的合理要求，不能出尔反尔。

四、发现孩子说谎，父母一定要及时纠正。

如果孩子说谎被别人识破，父母不能为维护面子，包庇孩子的错误，更不能过分指责，而是要耐心地找出孩子说谎的原因，帮助他们改正。

此外需要注意的一点是，说谎确实不对，但并不是什么洪水猛兽般可怕的事，大人也常会说谎。其实，说谎是一个人智商和情商平衡发展的体现，是人类大脑区别于动物的本能，即正规渠道达不到的目的，选择通过迂回方案解决问题。可以肯定地说，只要是双商发育正常的孩子，几乎都会在到达一定年龄段的时候有说谎的行为，如果你的孩子从小到大没说过一个谎，你反倒要警惕了，看看他的情商是不是有问题。在面对孩子说谎时，生气归生气，但不要过分指责孩子，把道理给孩子讲清楚并告诉孩子不诚实的危害就可以了，大多数孩子都是听得进去的。

传承，才是最好的品德教育

记得有这样一则公益广告——一位母亲带着真诚的微笑为她的母亲端来一盆热水，缓缓蹲下，轻轻地为母亲洗脚。这位母亲和她的母亲脸上都洋溢着幸福的微笑，因为他们都觉得温暖。一个年幼的孩子在一旁，静静地看着眼前的一切。然而，孩子同样泼泼洒洒地帮助自己的母亲端来了一盆洗脚水。当孩子稚嫩的脸上挂满汗珠，并喊出"妈妈，洗脚"的时候，我们都感动了。

是呀，传承是最好的教育。随着生活水平的提高，很多孩子得到了父母、爷爷奶奶、叔叔阿姨等无穷无尽的关爱。那么，反过来呢？孩子对这一切，懂得感恩么？

主持人提问："谁能回答我，你们的爸爸妈妈记得你们的生日吗？"

孩子们中的大多数说："记得，爸爸妈妈从来都没有忘记过我的生日。"

"哦，那么爸爸妈妈都怎么给你们过生日呀？"主持人又问道。

这一次，答案却是五花八门了。有的小朋友说"给我买了一个大生日蛋糕"，有的说"带我去游乐场了"，还有的说"给我买一个芭比娃娃"，等等，孩子们的生日礼物可以说是花样繁多，家长们也是挖空心思地带给孩子快乐。

接着，主持人问道："哪位小朋友知道自己父母的生日是哪天呢？"

这个问题一出，场上顿时间便鸦雀无声。孩子们你看看我、我看看你，谁也回答不上来。

看到这一幕，场下刚刚还欢声笑语一片的父母们也都安静下来了，若有所思地沉默了。

"孩子们，父母给了你们最真诚的爱，他们养育了你们，把自己的一切都给了你们，为什么你们连他们的生日都记不住呢？难道你们只知道一味地享受父母的关爱，而不知道感恩、不懂得回报么？小乌鸦尚且懂得反哺老乌鸦，聪明伶俐的孩子们，你们又做了些什么呢？"说着，主持人转过身来，面对着台下的父母，意味深长地说道："家长朋友们，孩子们今天的表现你们满意吗？对于孩子们的行为，你们又该负何种责任呢？"

这个问题值得每一位家长深思。教会孩子感恩，让孩子成为一个心中有爱的好孩子吧，家长朋友们不要再犹豫了，正如前面提到的公益广告——传承是最好的教育方式。

那么，身为家长应该如何做呢？言传身教，感恩自己的父母，有助于让孩子学会感恩。

人到中年，几乎都是上有老下有小，你是怎么对待自己的父母呢？有好吃的东西要想着老人，经常看望、关心老人，帮老人洗洗涮涮，经常带着老人出去游玩，家长的这些行为，孩子也会看在眼里、记在心中，耳濡目染之下，孩子便会逐渐养成孝敬父母的好习惯。

孝心是中华民族的传统美德，是需要中国人一代一代传承下去的。想要孩子成为一个有孝心的好孩子，作为家长，我们首先做的应该是孝敬自己的父母。如果你都对父母不闻不问，却指望孩子以后会孝顺你，这难道不荒唐吗？孩子从来没见过兔子，就画不出兔子，从来没见过孝敬老人的子女，就做不成一个孝敬老人的子女。

把同情心植入孩子潜意识，让孩子成为有德之人

同情心是人类的重要情感之一，具有同情心的孩子更能体会他人的感受，更能包容、体谅他人，更容易建立良好的人际关系、拥有幸福的人生。同情心不是一朝形成的，需要长期的、潜移默化的熏陶，从外入内，在孩子的潜意识中形成。在这个过程中，父母是孩子的启蒙老师，需要重视孩子的情感发展，抓住生活中的所有细节，丰富孩子的情感，帮助孩子培养出同情心来。

在一个温暖的午后，张辉和爸爸在郊区的公园里散步。看着眼前鲜花灿烂、绿树成荫的迷人景致，张辉和爸爸有些流连忘返。

忽然，张辉大叫道："爸爸，爸爸，你看那边的那位老太太多好笑。"顺着儿子手指的方向望去，只见一位白发苍苍的老人，穿着厚厚的冬衣，一只手扶拐杖，另一只手颤颤巍巍地想要摘一束花。

"年纪这么大了，还想要摘花，看她的样子似乎走路都有些困难了。"听着儿子的话，父亲脸上的微笑消失了，他狠狠瞪了一眼儿子，快步走到老人的身边，问道："老人家，您想要做什么？我可以帮助您。"老人抬头看了看张辉爸爸，说道："我想要摘一只花，今天是我那老头子的生日，他瘫在床上10年了，不能出屋，就想看看春天里的鲜花。"看着老人眼睛里打转的泪花，张

辉爸爸难受极了。他将老人扶到座椅上坐下，转身走到花丛中摘了一束美丽的鲜花，对老人说道："我送您回家吧。"老人点了点头。

之后，张辉和爸爸再谈起这件事情时，爸爸总是责备张辉没有同情心，他对张辉说道："天气那么热，那位老人还穿得那么多，肯定是身体不好。颤颤巍巍地想要摘一束鲜花，随时都有摔倒的可能，你不仅没有要帮助老人家的想法，反而去嘲笑老人家，太没有同情心了。"

张辉默默地低下了头，他觉得爸爸批评得对，他需要好好反省一下自己。

事例中张辉的行为并不是一个特例，现在的很多孩子都缺乏同情心，如公共汽车上一些孩子从不给老人让座。这种现象不得不让人担忧，孩子们是祖国的下一代、未来的希望，他们如果缺乏同情心，社会上还会有爱吗？作为家长，我们有责任培养起孩子的同情心来，那么，到底应该怎样培养孩子的同情心呢？

一、不要扼杀孩子的同情心。

很多小朋友都非常有同情心，如他们不愿意妈妈杀鱼，会因为妈妈杀鱼而痛苦；看到别的小朋友哭泣也会跟着伤心。这些都是孩子同情心的表现。作为家长，我们不应该因为孩子的这些行为而训斥孩子，否则便会扼杀孩子的同情心。

二、潜移默化地影响孩子。

想要培养孩子的同情心，家长首先应以身作则，富有同情心。这样才能在生活中潜移默化地影响孩子的情感世界。

三、面对孩子的破坏行为，家长要采取怀柔战术。

经常会看到草坪中的这些提示："不要踩我，我怕疼。"这是一种非常好的方法，会让很多行人都脚下留情。对于正在实施破坏的孩子，家长也可以采用这个方法，告诉孩子："不要再摔它了，它快哭了。"这样更容易激发起孩子的同情心。

四、鼓励孩子多帮助他人。

在生活中，看到小朋友摔倒，家长可以鼓励孩子去帮助一下他们，让孩子在帮助他人的过程中收获快乐，建立起同情心。

五、经常向孩子求助。

家长也有需要帮助的时候。这时，我们可以向孩子求助，告诉孩子自己的状况，让孩子感受到自己是被需要的，让孩子有机会表现一下自己的同情心。

著名教育家陈鹤琴先生说过："同情行为在家庭里、在社会上都是一种非常重要的美德。若家庭里没有同情行为，那父不父、母不母、子不子，家庭就不能称其为家庭；若社会上没有同情行为，尔虞我诈，每个人都十分自私，社会也不能称其为社会了。"由此可见，家长们一定要从小培养孩子的同情心。

谦虚使人进步，不能让孩子变得盲目自大

我们都知道："谦虚使人进步，骄傲使人落后。"该怎样培养孩子谦虚的品质呢？骄傲的孩子会给自己的双眼蒙上一层眼罩，看不到更高、更远的地方，变得自私狭隘、目中无人、见识短浅。即使一个人非常优秀，在某些方面的造诣很深，他也不能骄傲自大。因为，仍然有很多知识是他不知道的，需要他低头学习，向他人请教。谦虚，是一种美德，是人们不断进取的一种态度。"生命有限，学海无涯"，任何一个具有谦虚品质的人都有进步的动力，都会不断进步。

梁云是个活泼可爱的小男孩，不仅成绩优秀，家庭条件也很好。梁云的父母都是做大生意的，经济条件非常好，所以梁云从小就在一堆名牌衣服中长大。在学校，梁云是班里的"文艺骨干"，是同学们眼中的小明星；在家里，梁云是父母的掌上明珠，集万千宠爱于一身。在这样的环境下，梁云开始自命不凡了，他变得有些狂妄自大，骄傲的情绪不断膨胀。只要一有机会，梁云就会显摆自己、贬低他人，惹得其他同学都非常不喜欢他。

一次，一个小朋友问了梁云一个问题。没想到梁云竟然大声说道："你可真笨呀，连这个问题都不会，笨死了。"结果，这名同学生气了，说道："你这

个人怎么这么没有礼貌，我不过是问了你一个问题，你竟然如此不尊重别人，难怪大家都不喜欢你，你的确挺讨厌的。"说完，这名同学从梁云手中扯回作业本离开了。班上的同学也纷纷指责梁云，有的同学甚至挖苦他道："有什么了不起的，以为自己是谁呀。"气得梁云大哭起来。

没过几天，班里开始选班长，梁云一直都是班里的班长，但这一次他落选了，而且输得很惨，全班同学竟然没有一个人投他的票。看着其他几名竞选人的名字下面都横七竖八地画着计票的标记，而自己的名字下面一个标记都没有，"干净"得让梁云无限尴尬。

回到家里，梁云伤心地哭了起来，连晚饭都吃不下去，边哭边嘟囔着："为什么不选我呀，他们的能力都没有我强，凭什么都不选我？"梁云的爸爸听完梁云的讲述后，明白自己孩子的身上出现了问题——骄傲，总是瞧不起同学，那么同学们又怎么会喜欢他呢？

爸爸耐心地向孩子分析缘由，含蓄地指出了梁云的毛病。梁云听完之后，羞愧地低下了头。

骄傲是一种不良的心理状态，作为家长，我们应该给予孩子正确的引导，使孩子养成谦虚的品质。那么，父母应怎样培养孩子谦虚的品质呢？

一、让孩子认识到骄傲的危害和谦虚的好处。

给孩子讲讲龟兔赛跑的故事吧。谦虚使人进步，骄傲使人落后。谦虚的人时刻都保持着空杯心态，不自满，总会不断地学习，充实自己；而骄傲的人则自大自满，总是高看自己，觉得谁都不如自己，看不起身边的人，看不到他人的优点，不屑于向他们学习。因此，他们不仅不会进步，还会倒退。

除此之外，谦虚的人更容易建立起良好的人际关系。因此，他们懂得尊重他人，有亲和力。而骄傲自大的人，则总觉得自己高人一等，看不起身边的人，导致人际关系很糟糕，得不到大家的喜爱与认可。

二、教会孩子客观评估自己。

任何人都有自己的优点和缺点。对此，每一名孩子都应客观、全面地认识到，自己的优点再多，也有不如别人的地方。别人的缺点再多，也有值得自己学习的地方。培养孩子谦虚的品质，首先应该让孩子学会客观地评估自己，看到自己的不足之处，看得见他人的过人之处，取长补短，不断进步。

山外有山，人外有人。带孩子多见识见识外面的世界，开拓孩子的视野，才能让孩子认识到自己还差得远呢，才能避免盲目的骄傲，避免孩子成为井底之蛙。

警惕孩子顺手牵羊，偷窃的恶习要从小制止

多数家长发现自己的孩子把别人的东西随便带回家时，都会为此震惊不已。他们认为自己的孩子不诚实，先是感慨："天啊，我的孩子怎么能偷东西！"接着便会谴责孩子："你居然偷东西，真是丢人现眼！""你干这种坏事，警察会抓你的。""你这孩子太坏了，我不要你了。"等等。家长以为这样说，孩子会感到畏惧，从此以后"改邪归正"。事实上，这些贬损的话不但一点也起不到作用，反而会给孩子带来消极影响。

其实，大多数孩子在成长的过程中都会经历这样的事情，父母完全不用大惊小怪。由于孩子天生好奇心重，出门在外看见新奇的东西，例如一个小卡子、小玩具或铅笔等，出于喜欢，会将它们装在自己的口袋里悄悄拿走。这并不表示他们不诚实，也不能说明他们学坏了，只是因为他们年龄小，还不懂得物品所有权的问题。

据心理学家分析，年龄较小的孩子对"我"的是非界限是模糊不清的，他们完全搞不懂"偷"和"拿"的区别。只要这个东西能满足他们的心理需求，他们便认为这种东西应该属于自己。另外，孩子拿他人物品，可能是在模仿别人的行为。

面对这种情况，家长不可采取暴力教育方式，当然也不能置之不理，而

是要以理智的态度面对。

一、停止喋喋不休地说教。

不论孩子偷了什么东西，家长尽量不要喋喋不休地说教，也不要咄咄逼人地威胁。因为对于年龄较小的孩子来说，没有经过他人允许就将东西偷偷拿走的举动并不是偷窃行为。如果家长将一些严重贬损的词语用在孩子身上，例如"小偷""盗贼""坏孩子"等，相当于给孩子贴上消极的标签，是对其人格的藐视。因为在孩子的观念中，根本没有犯罪这个概念，他们怎么会故意去偷盗呢？

当您的孩子顺手拿了不属于自己的东西，先不要激动，也不要大声谴责，而应弄清楚他拿东西的原因。多问孩子一句"为什么"，永远都不显得多余，这样你就能知道孩子心里的真实想法。

张女士推车带孩子到超市闲逛的时候，转眼间，发现儿子小军拿着两根棒棒糖就往自己口袋里塞。塞了好长时间，棒棒糖卡在口袋外边，又掉进了推车里，小军再次拿起来，继续往口袋里塞，那架势好像是不达目的誓不罢休。张女士感到很惊奇，她完全没有想到小军会这样做，但是她并没有像其他家长那样大声喊叫："哎呀，你怎么能偷东西！"

张女士飞快地思考着，小军为什么要这么做，但她却找不到答案，于是就问道："小军，你在干什么？"小军很自豪地说："妈妈，我在偷东西。"张女士听到小军的回答更为震惊，显然他将偷东西看成了一件好玩的事。接着，张女士问道："你为什么要这样做呢？"小军说："我看了《愤怒的小鸟》，里边那个猪就是这样拿东西的。"张女士听到这个答案简直哭笑不得，孩子其实只是在模仿他人的行为。于是她又问道："小猪偷了谁的东西？"小军回答："小鸟的。""那小鸟生气了吗？""生气，小鸟气得用石头打了小猪。""那你从超市偷偷拿东西，超市里的人一会儿也会用石头打你的。"小军害怕了，赶快把东西放回了货架。

二、让孩子知道诚实的重要性。

如果孩子已经将东西拿了回去，你要带他去归还，并向东西的主人道歉，让孩子知道诚实的重要性。当然，如果这个东西是从商店或是超市里偷偷拿出来的，父母切记不可将它买下来，因为一旦有了这样的经历，孩子尝到了"偷东西"的乐趣，每次看到喜欢的东西都会悄悄拿走，然后回头再让你买下来。

在将东西返还并道歉的时候，父母可以在旁边陪伴和引导，而孩子应该是这些动作真正的执行者。当孩子亲手将东西归还回去并诚恳地表达歉意，才能真正意识到自己的行为是错误的。

平平与他同岁的小伙伴妞妞在小区的广场上玩耍。平平拿着小铲子在树坑里铲泥土，妞妞在一旁的地下摆弄妈妈给她新买的小型回力车。一会儿，平平觉得铲泥土很无聊，就蹲在妞妞旁边和她一起玩车。妞妞一推，车跑到平平那边，平平接着再推，车又返回妞妞那边。平平和妞妞这样玩了一会儿，很快妞妞便失去了耐心，跑到一边玩滑梯和秋千了，只剩下平平一个人在那里玩回力车。

由于小区广场没有车辆通过，很安全，而且平平也不喜欢到处乱跑，所以平平的妈妈为避免打扰他和小朋友们玩耍，就在稍远的地方等着他。过了一会儿，吃饭时间到了，妈妈对平平说："平平，我们回家吧，把你的小玩具带好，把其他小朋友的玩具还回去。"平平答应了一声。紧接着他拿上自己的小铲子和小水桶，跑过来拉住妈妈的手回家了。

每天回到家之后，妈妈都要帮平平把玩具收起来，这次也不例外。当她提起小水桶准备放到一边的时候，感觉水桶的重量比平时沉了一些。她掀开水桶盖一探究竟，结果令她大吃一惊，原来平平把妞妞新买的回力车放在了里边。妈妈有些不高兴，她把平平叫过来问清了原因。原来平平太喜欢这辆玩具车了，就想带回家接着玩。

妈妈对他说:"姐姐不知道你把她的玩具车带走了,一定很着急。现在我们一起去找姐姐,把这个玩具车还给她,并跟她说对不起好吗?"平平很不高兴,说道:"不要嘛,妈妈,我就玩一会儿。"妈妈再次告诉他说:"没有经过姐姐同意就拿走她的玩具是不对的,既然有错误就应该求得别人的原谅。"平平看着妈妈坚定的眼神点了点头。

平平在妈妈的陪伴下返回广场,看到了还在那里玩耍的姐姐。开始,平平站在那里不动,在妈妈的鼓励下,他走上前去将手里的车还给了姐姐。妈妈对他说:"你要跟姐姐道歉,说'对不起,我不该拿你的车'。"平平不好意思地说:"妈妈你帮我道歉吧。"妈妈说:"平平是男子汉,自己做的事情要自己承担。"起初平平不愿意自己道歉,都快哭了,但经过妈妈的耐心劝导,平平终于认识到错误,于是他挺了挺胸对姐姐说:"姐姐对不起,我不该拿你的车。"妈妈听后欣慰地说:"这才是妈妈的好孩子。"

三、进行合理的教育。

对孩子进行合理的教育,让孩子知道不是自己的东西不能带回家,没有经过别人的允许也不能带回来。如果孩子年龄太小,也许不适合跟他讲道理,但也可以给予其小小的惩罚,例如不让他再到小朋友家玩,或是不带他去超市商场等地方,孩子会慢慢意识到自己的错误。

四、父母教导要有耐心。

孩子弄清楚东西的所有权需要时间,父母一定要有耐心,只要能正确引导并及时纠正,孩子一定会沿着正确的道路成长。

别让孩子只想着自己，让他拥有团队意识

现今的家庭独生子女偏多，为了让孩子在未来能居于不败之地，家长们会千方百计地培养他们各方面的能力。可是，很多父母却忽略了对孩子团队合作能力的培养，结果，孩子学会了表现自己，只想让自己显得与众不同，但却越来越不擅长与人合作。

星期六下午，妈妈应儿子的"邀请"，去学校助战他的足球比赛。比赛进行得很激烈，但遗憾的是，最终儿子所在的球队以零比二输给了对方。

回家的路上，儿子气呼呼地说："都怪他们！他们都不给我传球！我们一次进攻都组织不起来！每次都是靠我才能抢到球，可对方配合又那么好，我都找不到机会射门！"

妈妈笑了笑说："不知道你有没有从自己的话里找到这次失败的原因呢？"

儿子一愣，妈妈继续说："我知道，你们都想赢，可是你们班的同学显得太急躁了，而且都很突出个人表现，但对方班级的同学却很讲究团结，他们之间的传带配合很默契。团队合作得好，才是他们取胜的最大法宝啊！"

儿子紧皱了眉头，陷入了沉思，接下来的一路上，他都没再说话。等进了家门，儿子就对妈妈说："妈妈，能把您刚才说的再给我说一遍吗？下星期一，

我想告诉同学们团队合作的重要性。"

如果一个人缺少团队合作的意识,那么仅凭单打独斗,是不可能有太大发展的。正所谓"人心齐,泰山移",现今社会更多的工作是靠团队协作来完成的,如果孩子没有合作能力,不但很难发挥出自己的特长,也无法享受团队成功所带来的成就感。

所以,我们不要只想着让自己的孩子"出人头地",应该尽早训练他学会与人合作,增强他的团队意识。这样,孩子才能更好地融入一个集体,并在其中发挥自己的光和热,而只有在集体中展现出自己的价值,他才能体会到合作的乐趣。

一、在生活中培养孩子的团队意识。

在家庭生活中也可以通过立规矩来培养孩子的团队合作意识,就像下面这个小故事:

家里大扫除,妈妈安排好了任务:爸爸清洁厨房与卫生间,妈妈整理大卧室与客厅,9岁的儿子则主要打理自己的卧室。妈妈说:"以后这就是咱们家大扫除的规矩。让我们发挥团队合作精神,一起把家收拾干净吧!"

儿子好奇地问:"搞卫生还有团队精神?"妈妈笑笑说:"当然。我们全家3口人,每人都掌管着一片卫生区域,无论谁做不好,都不能算是一次成功的大扫除。你说,这是不是团队合作啊?还有,各司其职就是我们要遵守的最好的规矩。"

儿子恍然大悟:"原来我有这么重要的任务啊,那我要好好收拾我的屋子。"

团队合作在生活中有很多体现,所以平时我们可以对孩子多加锻炼、有意培养。除了全家集体大扫除之外,我们还可以全家集体到超市购物,列一个清单,然后每人负责拿几样东西,直到买齐所有物品为止,或者和孩子一起玩多米诺骨牌之类的游戏，虽然是玩耍，但也需要团队合作，否则游戏也无法顺利进行下去。在某种意义上，这也是一种规矩。

这时我们只需要让孩子明白，团队合作就是要每个人都发挥作用，而且还要大家互相之间有所联系，还不能随意破坏这种规矩。这样，要做的事情最终才能成功，这个过程也能培养他的集体荣誉感。

二、鼓励孩子多参加集体活动。

集体活动往往最能培养孩子的团队意识，因此，当孩子的学校、班级或者同学之间组织了什么有意义的活动，我们要予以支持，并允许他去参加，还要告诉他多注意与他人的协作，不要只想着靠自己一个人的力量完成某件事。可以这样提醒他："活动之前老师或者组织者可能会安排任务，你要专心做好自己该做的事情，如果分组做的话，你就要多和同组的同学交流一下，看看你们怎么做才能配合默契，才能在不起冲突的前提下顺利完成任务。"

三、教孩子学会欣赏并尊重他人。

在团队合作中有一点很重要，那就是成员彼此间是否能够达成默契。而要达到默契，最基本的就是不能歧视团队中的其他人，也不能嫉妒或者反对其他人。

所以，我们要教孩子学会欣赏并尊重他人，可以给他讲讲"人各有所长"的道理，引导他发现他人的长处。同时，也要帮他分析一下自己的优劣势，让他明白什么叫"优势互补"什么叫"木桶效应"，并告诉他团队中的人只有做到互补，才可能圆满完成一件事，任何一个人如果不尊重其他的人，都有可能会影响到他自身能力的发挥，也将影响整个团队的利益。

四、提醒孩子多和团队中的人进行沟通。

每个人都有自己的意见，互相之间也会出现意见不合的情况，所以团队中出现不和谐的声音也是在所难免的。但关键就要看人们如何避免或去除这些不和谐"音符"，这也是保证团队合作顺利的重要因素之一。

所以，我们要鼓励孩子学会沟通。而且，当我们的意见与孩子的意见不同时，我们就要说出自己的意见，并引导孩子也说出他的想法，然后两相对比，看看怎样做才是正确的。

不过，我们要提醒孩子的是，如果他的意见是正确的，那么千万不能骄傲，也不能因此就瞧不起他人，而是要认真、耐心地将意见表达出来，并使他人信服；如果他的意见是错误的，也没必要感到沮丧，只要改正错误的认知，并认真做好自己该做的就可以了。